本书得到以下项目资助:

教育部人文社会科学研究青年基金项目"创新信息披露促进〔……〕
——双向溢出视角的考察"（项目号：22YJC630180）

山西省科技战略研究专项项目（项目号：202104031402069）

山西省"1331工程"工商管理一流学科建设项目（晋财教[2021]83号）

U0505721

中国多层次资本市场中
企业创新投资行为的驱动力研究

—— 基于投资者情绪视角

薛海燕◎著

中国财经出版传媒集团

经济科学出版社

Economic Science Press

图书在版编目（CIP）数据

中国多层次资本市场中企业创新投资行为的驱动力研究：基于投资者情绪视角/薛海燕著. -- 北京：经济科学出版社，2021.12

ISBN 978 - 7 - 5218 - 3101 - 6

Ⅰ.①中… Ⅱ.①薛… Ⅲ.①企业 - 投资 - 研究 - 中国 Ⅳ.①F279.23

中国版本图书馆 CIP 数据核字（2021）第 244475 号

责任编辑：刘战兵
责任校对：徐　昕
责任印制：范　艳

中国多层次资本市场中企业创新投资行为的驱动力研究
——基于投资者情绪视角

薛海燕　著

经济科学出版社出版、发行　新华书店经销

社址：北京市海淀区阜成路甲 28 号　邮编：100142

总编部电话：010 - 88191217　发行部电话：010 - 88191522

网址：www.esp.com.cn

电子邮箱：esp@esp.com.cn

天猫网店：经济科学出版社旗舰店

网址：http://jjkxcbs.tmall.com

北京密兴印刷有限公司印装

710×1000　16 开　10.75 印张　200000 字

2022 年 9 月第 1 版　2022 年 9 月第 1 次印刷

ISBN 978 - 7 - 5218 - 3101 - 6　定价：48.00 元

（图书出现印装问题，本社负责调换。电话：010 - 88191510）

（版权所有　侵权必究　打击盗版　举报热线：010 - 88191661

QQ：2242791300　营销中心电话：010 - 88191537

电子邮箱：dbts@esp.com.cn）

前　言

创新是企业实现高质量发展的第一驱动力，是市场竞争中优胜劣汰的关键性影响因素，更是后疫情时期企业的自救和图强之道。因此，"如何激励和支持企业创新"这个经久不衰的话题在当前形势下兼具重要性和迫切性。激励企业创新必须从影响企业创新投资的本源要素着手。基于 q - 投资理论和融资优序理论给出的两大关键要素——成长机会和现金流，在创新投资决策中孰重孰轻，目前鲜有研究。另外，创新因其投入大、周期长、风险高等特点，离不开运作良好的资本市场的引领和支持。西方行为公司金融理论认为市场投资者非理性引起的投资者情绪能促进企业创新投资。然而，与西方发达资本市场相比，中国资本市场中个人投资者在投资主体构成和交易规模上都占有绝对比例，他们的"投机心理"和"羊群效应"不可避免地助推了投资者情绪，这种高涨的投资者情绪对股票市场以及上市公司带来的影响更具有不确定性，加之在中国特殊的多层次资本市场结构中，各市场板块投资者结构和投资者情绪差异显著。

基于上述理论和现实背景，本书试图回答以下问题：（1）影响企业创新投资的驱动要素是企业成长机会还是内部现金流？（2）市场投资者情绪如何通过影响企业创新驱动要素助力企业创新投资？（3）多层次资本市场中差异显著的投资者情绪如何影响成长机会不同的企业进行创新投资决策？（4）机构投资者的监督功能在投资者情绪促进企业创新投资中如何发挥治理作用？

为回答上述问题，本书将影响企业创新投资的内在驱动要素与外在市场因素纳入同一个分析框架，深入探究了驱动企业创新投资的关键要素，在此基础上分别通过"市场内"和"跨市场"研究，深入剖析了市场投资情绪影响创新投资原动力发挥效果的作用机制。本书分别选取沪深上市的 335 家国家级创新型企业作为市场内实证分析对象、844 家新三板创新层企业与 669 家创业板公司作为跨市场比较研究对象，通过理论分析和实证检验系统分析了成长机会、市场投资者情绪和企业创新投资的关系，得到如下主要结论：

（1）无论"市场内"还是"跨市场"检验，都发现决定企业创新投资的关键内部驱动因素是成长机会。民营企业与国有企业相比，创新投资对成长机会更敏感；新三板企业与创业板企业相比，在创新投资决策时更看重成长机会。该研究结论表明，成长机会是企业进行创新投资的内在驱动要素，企业只要有更好的发展机会，就应该为创新项目投资。对于融资受到约束的企业，创新项目所需资金自有外部资本市场的融资功能来解决。

（2）通过选取沪深交易所上市的国家级创新型企业为研究样本进行"市场内"分析发现，投资者情绪通过作用于企业成长机会促进了企业创新投资，这种影响通过融资渠道起作用。高的投资者情绪能促进具有高成长机会的民营企业进行创新投资，但国有企业的创新投资对投资者情绪不敏感。本书进一步考察了融资约束下的投资者情绪对企业创新投资行为的边际作用后发现，受融资约束的民营企业在投资者情绪高涨时期会进行更多的创新投资，进一步证明投资者情绪可通过降低企业融资成本促进其创新投资。

（3）通过选取服务创新创业中小企业的两个主要资本市场——新三板和创业板的企业为研究对象进行"跨市场"比较发现，相比创业板，拥有更多成长机会的新三板企业的创新投资更高。进一步研究发现，尽管新三板创新投资高于创业板，但其低迷的投资者情绪在上述结果中起到中介遮蔽效用；对股权市场融资功能的检验发现，外部融资依赖度高的企业在新三板挂牌不利于其创新投资，原因在于新三板较低的投资者情绪限制了其外部融资，进一步证明，投资者情绪通过"融资渠道机制"影响企业创新投资。

（4）通过投资者情绪影响企业创新投资的双面性分析发现，投资者情绪对企业创新投资的影响是非线性的。在新三板，高涨的投资者情绪可以促进企业创新投资，在创业板，投资者情绪越高涨，企业创新投资反而更低。进一步，从机构投资者监督视角探讨市场投资者情绪影响企业创新投资的治理机制，我们发现，创业板中具有监督功能的独立型机构投资者能缓解投资者情绪对创新投资的抑制，起到积极的治理效果；新三板中的非独立型机构投资者在投资者情绪促进创新投资过程中起到中介遮蔽效应。

本书主要创新点体现在以下几个方面：

（1）本书的研究为解开 q – 投资理论之谜提供了新证据。q – 投资理论认为企业的成长机会是企业投资的完全解释变量，但大量实证研究发现 q 对投资的解释力度很局限。本书研究发现，成长机会是决定企业创新投资的关键要素，支持了 q - 投资理论。

（2）本书基于新三板和创业板的跨市场比较分析，开辟了从多层次资本市场研究企业创新投资的新视角。已有关于创新投资的文献主要聚焦单一资本市场（如创业板）或所有场内市场（主板、中小板和创业板）的上市公司进行研究，鲜有基于中国多层次资本市场结构，探讨不同发展程度的资本市场中差异迥然的投资者情绪对企业创新投资的影响。

（3）本书在阿贝尔（Abel，1983）的 q - 投资理论和贝克等（Baker et al.，2007）的非理性投资者框架的基础上，首次将影响企业创新投资的内在驱动因素（成长机会）与外部市场投资者情绪纳入同一研究框架，拓展了已有关于影响企业创新投资的研究范式。

（4）本书丰富了投资者情绪通过股权融资渠道影响企业创新的相关研究。无论通过选取极具代表性的国家级创新型企业的"市场内"研究，还是选取服务中小创新型企业的新三板和创业板进行"跨市场"比较，本书都发现投资者情绪通过股权融资渠道而非管理者迎合渠道影响企业创新投资。

本书从探究企业创新投资的内在驱动要素出发，通过层层递进、环环相扣的分析和论证，探讨了在同一市场内和不同市场间成长机会、投资者情绪和企业创新投资的关系。本书的研究结论有助于为政府采取更有效的激励方式促进企业创新投资提供决策依据，也能为市场监管层在资本市场服务企业创新改革中提供可靠的证据支持和可行的政策建议，还能为市场投资者更全面判断和评估多层次资本市场中的企业创新活动和投资价值提供参考。

目　　录

第1章

绪　　论

1.1　选题背景

创新强则国运昌，创新弱则国运殆。创新是推动一个国家和民族向前发展的重要力量，也是推动整个人类社会向前发展的重要力量。纵观历史，中国与历次科技革命的失之交臂一度导致科技落后、国力衰弱。在全球新一轮技术科技革命加速演进中，世界各国创新产业竞争日趋激烈，创新驱动成为许多国家谋求竞争优势的核心战略。当今世界正处于"百年未有之大变局"，尤其 2020 年的新冠肺炎疫情已对世界格局产生深刻影响。中国既面临大变局带来的赶超跨越的历史机遇，又要应对大变局带来的严峻挑战。唯有勇立世界科技创新潮头，才能赢得未来发展的主动权。

创新是引领发展的第一动力，是提高社会生产力和综合国力的战略支撑，必须摆在国家发展全局的核心位置。从 2006 年制定《国家中长期科学和技术发展规划纲要（2006～2020 年）》到 2016 年发布《国家创新驱动发展战略纲要》，在创新发展纲要指引下，相关部门和地方政府出台了一系列激励创新政策，以助力中国迈进科技强国的目标、推动经济高质量发展。得益于创新驱动战略的深入实施，中国在全球范围内体现出明显的创新实力。在世界知识产权组织（WIPO）发布的《2019 年全球创新指数》中，中国的创新指数排名从 2018 年的第 17 位升至 2019 年的第 14 位，但创新投入指数排名只有 26 位。从创新投入的主要指标研发（R&D）投入来看，尽管中国的 R&D 投入在 2018 年已接近 2 万亿元，仅次于美国，居世界第 2 位，但研发投入强度（R&D 投入与 GDP 之比）为

2.14%，与部分发达国家和地区 2.5%～4.5% 的水平相比还有较大差距（见图 1.1）。因此，要实现到 2050 年建成世界科技创新强国的长远战略目标，我国在创新投入方面显然还存在巨大的提升空间。

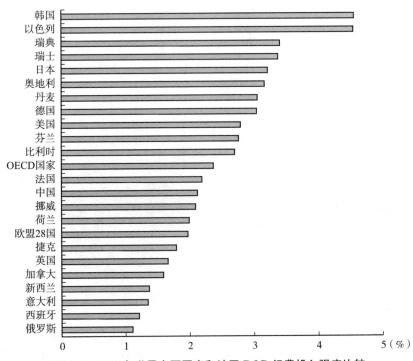

图 1.1　2017 年世界主要国家和地区 R&D 经费投入强度比较

资料来源：国家科学技术部科技统计数据。

在国家创新制度不断完善、创新环境不断优化的情况下，企业作为创新发展战略的重要主体在提高自主创新、推动经济高质量发展中起到非常重要的作用。近年来，从互联网巨头 BAT（百度、阿里巴巴、腾讯）到引领全球 5G 商用进程的高科技企业华为，中国的一批企业在世界舞台上大放异彩。面对复杂的外部环境，这些企业保持了逆势增长和强势竞争力。我们发现他们的一个共同点就是持续不断、高额的创新投入。BAT 近几年的平均研发收入比达到 12%，华为 2019 年的研发投入比例更是超过 15%。华为 2019 年年报中写到"正是得益于长期的研发投入，才使得我们在很多技术领域持续领先"。但和这些明星企业相比，中国企业的创新投入普遍较低，我国 A 股上市公司近三年平均研发支出占收入的比例只有 5%，更不必说占中国企业大部分比重的未上市中小微企业。因此，要实现拥有一批世界一流的创新型企业的长期战略目标，研究如何激励和支持企业进行持续高效的创新投资是一个现实而迫切的话题。

创新投资是企业投资活动的重要组成部分，但不同于传统的有形资产投资。由于创新项目具有长期性、不确定性和信息不对称性等特征，影响企业是否做出创新投资决策的因素也与普通的有形投资区别很大。关于影响企业创新投资因素的研究已取得非常丰富的成果，学者们从宏观层面的经济政策不确定性、环境不确定性、产业政策、税收政策、政府补贴等，到资本市场层面的股票流动性、机构投资者、卖空机制以及股权市场和期权市场自身等，再到企业微观层面的公司治理、高管特征、高管激励、公司利益相关者等方面，不仅分析了各单一因素对企业创新投资的影响，更对各要素的组合影响也进行了详尽研究。已有研究仅关注到外部因素或虽聚焦企业微观层面但并未触及企业内在核心要素对企业创新投资的影响。面对中国企业创新不足的现实，必须从探索影响企业创新投资的本源要素着手，只有找到驱动企业创新投资的原动力，才能对症下药，进一步探讨其他影响因素，否则就是缘木求鱼，舍本逐末。

理论上，企业成长机会和现金流是影响企业投资的两个重要内在因素。q - 投资理论认为成长机会是影响企业投资决策的先决要素，只有当资本的价值相对于获得资本的成本增加时，投资才会变得更有吸引力。企业拥有一个好的成长机会意味着面临更有吸引力的投资项目和发展前景，此时公司应该进行投资以提高长期竞争力，持续的投资机会可以产生永久的利润增长率（Miller and Modigliani，1961）。而融资优序理论则认为，由于信息不对称引起的代理成本的存在，在内部现金流不充裕的情况下，高管会放弃好的投资机会，因此内部现金流是决定企业投资的重要决定因素。相关实证研究结果发现，相比企业的成长机会，拥有内部现金流的多寡才是决定其进行投资决策的关键，这也是 q 理论拥趸们一直不断探索的 q - 投资理论之谜，即为什么现金流对投资的解释力度比投资机会更强。

近年来，随着企业投资活动中创新投入的比例不断增加，学者们发现与现金流相比，成长机会（q）对投资更具解释力（Chen and Chen，2012；Peters and Taylor，2017）。安德雷、曼恩和莫伊恩（Andrei，Mann and Moyen，2019）的最新研究表明，在 q - 投资模型中考虑了创新因素后，q 对投资的解释力度加强，他认为这与总体经济中研发和其他无形资产支出的大幅增长有关。那么，当我们将创新投资从投资活动中分离出来单独研究时，成长机会是否超越现金流成为企业创新投资决策的决定因素？对这一问题的回答不仅可以从理论上为解释 q - 投资理论之谜提供新证据，还能通过对创新投资第一驱动要素的识别为相关各方制定更精准的创新投资激励政策提供重要参考。

另外，创新投入大、周期长、风险高等特点，离不开长期资本的引领和催化作用。要有效促进创新，就需要运作良好的资本市场，在降低融资成本、分配稀缺资源、评估创新项目、管理风险、监督管理者等方面发挥关键作用（Hsu，Tian and Xu，2014）。我国资本市场经历了 30 多年从无到有、从小到大的迅速发展，已基本形成一个体系完整的多层次资本市场。截至 2019 年底，沪深交易所上市公司家数 3857 家，总市值 592934 亿元，全国中小企业股转系统挂牌公司数 8953 家，总市值 29399 亿元。随着我国多层次资本市场改革不断推进，2019 年 7 月上交所科创板开市并试点注册制，2020 年 7 月创业板注册制全网测试，2020 年 7 月新三板精选层设立并开始交易，资本市场服务实体企业创新的改革步伐不断加快。以成立 11 年的创业板为例，截至 2019 年底，上市企业数量从首次公开发行的 28 家上升到 791 家，占 A 股上市公司总数的 20.51%，超过九成企业为高新技术企业，七成以上属于战略性新兴产业，以新一代信息技术、生物医药、新材料等为代表的产业聚集效应明显，累计股权融资达到 7490 亿元，金融支持企业创新的作用明显。创业板的自然人账户数量从 2009 年的 1112 万户上涨到 2019 年的 4627 万户[①]，年成交额从 2009 年的 1734 亿元上升到 2019 年的 229955 亿元。

随着中国资本市场的发展，投资者对资本市场的热情不断高涨，高涨的情绪说明其对股市未来前景的判断处于一种乐观状态，这种状态被称之为投资者情绪。投资者情绪体现在投资者对股票买卖的活跃度上，其所带来的市场择时效应使得企业外部融资的成本相对低廉，因此，高涨的投资者情绪更有利于企业在股权市场获得所需资金，对企业创新投资起到积极作用。然而，与西方发达资本市场相比，中国资本市场中个人投资者在投资主体构成和交易规模上都占有绝对比例，个人投资者的"投机心理"和"羊群效应"不可避免地助推了资本市场投资者情绪。例如，与

---

① 中国证券登记结算有限责任公司统计数据。

美国纳斯达克、中国香港创业板形成鲜明对比的是，中国内地创业板的年均换手率非常高（见表 1.1），说明中国内地资本市场的投资者情绪相较于全球其他资本市场更高。而在中国多层次资本市场结构中，由于挂牌制度、交易机制、投资者适当性管理和信息披露要求等的差别，各市场板块中投资者结构和情绪也有很大差异。以新三板和创业板为例，2018 年创业板和新三板市场中个人投资者平均持股占流通股的比重分别为 68% 和 54%，创业板的平均股票流动性是新三板的 17 倍。然而，中国资本市场中推动投资者情绪高涨的噪音交易者并没有形成合理的价值取向，存在严重的投机性，这也决定了股票市场的非理性行为较多，因此，高涨的投资者情绪对股票市场以及上市公司带来的实际影响更具有不确定性。

表 1.1　　　　　　　**2013～2019 年创业板年均换手率比较**

	2019 年	2018 年	2017 年	2016 年	2015 年	2014 年	2013 年
美国 NASDAQ	1.26	1.11	1.31	1.07	0.86	0.95	0.8
港股创业板	0.27	0.38	0.64	0.45	0.68	0.56	0.51
深圳创业板	4.32	3.77	4.65	5.13	6.86	4.7	4.82

资料来源：根据 Wind 数据库相关数据整理。

已有研究表明，投资者情绪可以通过融资渠道降低企业融资成本，促进企业创新。但过高的投资者情绪是否会有相反的作用？基于中国特有的多层次资本市场中投资者情绪异质性对企业创新投资的影响是否存在差异？而相对理性的机构投资者的参与能否发挥积极的治理作用？这些问题目前尚缺乏研究。而这些问题的研究都有助于辩证认识投资者情绪对企业创新投资影响的异质性，并从投资者适当性制度安排角度为市场监管者提供激励企业创新的实践证据。

因此，基于实现建成科技创新强国的长远战略目标和多层次资本市场服务企业创新改革背景，本书研究和关注的主要问题将聚焦于：（1）挖掘影响企业创新投资的内在驱动要素；（2）探讨资本市场投资者情绪在企业创新驱动要素助力创新投资中所起的作用；（3）探索多层次市场中差异显著的投资者情绪对企业创新投资影响的异质性及作用机制。

1.2 研究意义

1.2.1 理论意义

本书的理论意义主要体现在以下三方面：

首先，本书的研究丰富了 q - 投资理论的研究文献。从托宾 q 以来，学者们一直就 q 不能很好解释企业投资进行了大量研究。而近期关于 q - 投资理论的研究发现，近年来由于企业无形资产投资、创新研发比例加大，q 对投资的解释力度有所增强。本书直接从企业投资活动的一个重要组成——创新投资出发，来检验 q 的解释力度，为解开 q - 投资理论之谜提供了新思路。

其次，本书的研究为投资者情绪影响企业投资提供了新证据。已有研究表明，投资者情绪影响企业投资的渠道主要有股权融资渠道和管理者迎合渠道。当本书聚焦企业创新投资时，通过对投资者情绪一致的沪深交易所上市公司的场内研究，和对投资者情绪差异较大的新三板和创业板的对比研究，发现投资者情绪影响创新的渠道只有一个，即股权融资渠道，否认了管理者迎合渠道的存在。这说明管理者迎合渠道只在有形资产投资中起作用，并不适用于创新投资决策。

最后，本书的研究丰富了多层次资本市场的理论研究。尽管我国当前已形成较完善的多层次资本市场系统，但无论关于公司金融的研究还是资本市场的研究，主要聚焦单一资本市场（如创业板）或所有场内市场（主板、中小板和创业板）的上市公司来研究，鲜有基于中国多层次资本市场结构来研究不同发展程度的资本市场中企业决策方面的研究，更没有关于投资者情绪差异对企业创新投资的影响。本书为多层次资本市场服务企业创新投资的研究开辟了新视角。

1.2.2 实践意义

本书的实践意义主要有以下两点：

第一，本书对企业创新投资第一驱动力的探索将有助于政府采取更有效的激励方式促进企业创新投资。我国政府对企业创新的激励政策目前主要集中在货币补贴和税收优惠，即通过大量现金补贴形式促进企业创新。然而，这些方式在实践中效果并不如人意，激励效果有限。而本书通过对现金流和成长机会的识别，发现成长机会才是驱动企业创新投资的第一动力。因此，这一研究结论有助于政府从企业创新投资原动力方面，考量选择更有效的激励企业创新的方式。

第二，近年来资本市场支持科技创新取得积极成效，多层次资本市场改革如火如荼，尤其 2020 年新三板和创业板的改革更是有目共睹。政府监管部门意图通过资本市场改革更好地服务实体经济，支持企业创新。本书的研究可以为市场监管层提供可靠的证据支持和可行的政策建议。

1.3 相关概念界定

1.3.1 投资者情绪

投资者情绪是在心理学概念——情绪的基础上，将情绪主体聚焦于资本市场投资者的一个心理学和金融学的交叉概念。因此，界定投资者情绪首先需要了解情绪的概念。

1. 情绪

尽管情绪（emotion）是心理学研究中的一个重要领域，但关于情绪的定义一直没有一个一致的观点。心理学家们通过对情绪本质、特征及功能的反应，从不同角度对情绪进行了定义和描述。

坎波斯、兰格和克洛维茨（Campos, Langer and Krowitz, 1970）认为情绪是以主体的愿望和需要为中介的一种心理活动。当客观事物或情境符合主体的愿望和需要时，就能引起积极的、肯定的情绪。当客观事物或情境不符合主体的愿望和需要时，就会引起消极、否定的情绪。由此可见，情绪是个体与环境之间某种关系的维持或改变。伊萨尔德（Izard, 1977）认为情绪是一种混合的心理现象，它是由独特的主观体验、外部表现和生理唤醒三种成分组成的。

学者们认为情感要素是情绪的基础，认知要素决定了情绪的本质。情绪包括快乐和悲伤两种，悲伤情绪起到负向动力作用，快乐情绪有正向动力作用（Bourne and Ekstrand，1973）。情绪是一种状态，一个人会本能地评价其自身的机体状况和行为冲动或自我感知的环境条件（Bowlby，1969），因此情绪中包含了感知和思考的成分。情绪通常由外部刺激产生，而情绪对身体内部的作用体现在各神经体系不同程度的反馈和身体行为的表达（Plutchik，1980；Simonov，1970）。情绪是由环境刺激引发的本能的身体调整，这反过来又会促进对该环境的更加有效的适应性反应（Carr，1929），因而，尽管情绪会带来初始的紊乱，但在某些情况下，情绪可能是有序且具有一定功能性，情绪刺激能调整态度、好恶、动机以及个人性格等（Young，1943）。

鉴于情绪的主观性、混合性、复杂性等特点，克莱因吉纳等（Kleinginna and Kleinginna，1981）对已有关于情绪的 92 个概念和 9 个争议表述进行了分类识别，提出一个综合的情绪定义。他们认为，情绪是通过神经内分泌系统调节的由主客观因素相互作用的复杂集合，它可以：第一，产生情感体验，如兴奋、快感或不快感；第二，产生认知过程，如与情绪相关的感知效果、评价、标记过程；第三，激活对外界刺激的广泛的生理调整；第四，导致行为通常但并非总是具有表达性、目标导向性和适应性。类似地，张春兴（2012）对情绪也进行了一个相对综合的描述，他认为情绪是由某种刺激事件所引起的生理激发状态，当此状态存在时，个体不仅会有主观感受和外露表情，而且会有某种行为伴随产生。

从情绪的概念我们可以发现，其具有以下特征：首先，情绪多是由某种外在刺激事件所引起，也可能由内在的回忆或想象引起。其次，情绪状态下，会伴随产生生理和心理反应，即情绪是由某事件引发的生理或心理激发状态。生理激发状态表现为身体生理方面的多种反应，这种反应可通过外部器械测量出来。心理反应所感受到的情绪纯属主观，当时人可以觉察并辨识自己感受到的何种情绪。同一事件刺激对不同个体产生的心理反应不同。最后，情绪兼具行为与动机两种特征。情绪状态形成时，还会产生行为反应，即情绪表达。

2. 投资者情绪

20 世纪 80 年代以来，随着行为金融学研究的深入，学者们将个体的投资过程视为一个心理过程，认为其在进行投资决策时，会对市场进行认知分析，并更新信念产生情绪，最终影响到投资决策。作为行为金融的重要研究内容之一，投资者情绪（investor sentiment）以一种全新的视角研究个体的心理特征和行为模式对金融市场的影响，一经提出就吸引了大量学者的广泛关注。然而关于投资者情绪的界定一直是学界争论的话题，至今没有统一的定义。

从心理学角度考虑，投资者情绪来自投资者对资产价值的有偏期望，是一个基于心理学的启发性而不是贝叶斯理性的概念，是大量投资者犯同样的判断错误且他们的错误又具有相关性的现象（Zweig，1973；Shleifer，2002）。施莱弗（Shleifer，2002）认为投资者情绪是一种价值认知，是投资者的非理性形式。贝克和伍尔格勒（Baker and Wurgler，2006）将投资者情绪定义为非理性投资者的一种投机倾向或投资者关于股票的一种总体乐观或悲观的状态。王美今和孙建军（2004）认为投资者情绪是投资活动中一种"基于情感的判断"，由于心理或认知上的偏差而产生，导致对风险资产未来收益分布形成的错误看法。巴尔贝里斯、施莱弗和维施尼（Barberis，Shleifer and Vishny，1998）则认为投资者情绪是影响投资者促成投资观念形成和价值的认知过程。投资者情绪是投资者的一种信念，这种信念是关于不能被已掌握的信息所反映的、对投资风险和未来现金流的一种观念。张圣平等（2003）和易志高等（2010）也认为投资者情绪是非理性认知导致的错误信念，投资者情绪是投资者对资产价值的一种主观性评价。

从金融学角度考虑，投资者情绪来源于资本市场中噪声交易者的交易，是资产未来收益中无法被基本面解释的部分，是投资者对资产的错误估计（Black，1986；Lee，Sheleifer and Vishny，1991；Baker and Stein，2004）。假设一个资本市场中有两类投资者，分别为可以预期资产基本价值的理性投资者和对资产价值认识有偏误的非理性投资者，那么，投资者情绪就反映了两类投资者之间对资产估值的差异（Brown and Cliff，2004）。在德隆、施莱弗和萨莫斯等（De Long，Shleifer and Summers et al.，1990）构建的噪音交易模型（DSSW 模型）中，投资者情绪是理性交易者和噪声交易者相互博弈中影响资产均衡价格的重要因子，可以被理解为噪音交易者对资产基本面的错误预判。

总体而言，投资者情绪的内涵包含两方面：一是从心理学角度强调了投资者情绪的情感因素、心理认知因素和信念因素，是对股票客观信息的主观感受和判断；二是从金融学角度指出投资者情绪的外在表现，是由非理性投资者产生的对资产未来价值的偏误，进而导致的一种投机行为，并在资本市场以交易的形式体现。

综合上述对情绪和投资者情绪相关概念的梳理，本书将投资者情绪定义为在外界环境刺激下，由投资者情感、认知和信念差异引发的对未来资产价值的有偏误预期，进而导致投机行为。由于资本市场投资者包括个人投资者和机构投资者两大类，而投资者在资本市场中的非独立性导致投资者情绪会在投资互动过程中相互影响（个人投资者之间，机构投资者之间以及个人与机构投资者之间），鉴于本书研究的重点在于投资者情绪对企业创新投资活动的影响，强调的是市场综合投资者情绪，因此将投资者情绪界定为群体互动后产生投资者情绪，不进一步区分个人投资者情绪和机构投资者情绪。

3. 投资者情绪的测量

基于对投资者情绪内涵的分析，我们发现其兼具客观性和主观性。因此，对投资者情绪的衡量也分为主观指标和客观指标两类。

（1）主观指标。主观投资者情绪指标，一般通过对市场参与者的预期和判断进行调查，直接衡量投资者对未来市场前景的心理认知。主观类情绪指标根据调查问卷的内容可分为股市行情判断类指标和投资前景信心类指标。常见的主观类情绪指标包括以下几种：

①看涨/看跌指数。克拉克和斯塔特曼（Clarke and Statman，1988）提出看涨情绪指数（bullish sentiment index）和看跌情绪指数（bearish sentiment index），其中看涨指数 = 看涨投资者比重/投资者总数（看涨 + 看跌）；同理，看跌指数 = 看跌投资者比重/投资者总数（看涨 + 看跌）。用 BSI 作为衡量投资者情绪的指标。

②美国个体投资者协会指数。该指数是 1987 年 7 月以来美国个体投资者协会通过调查统计其会员对未来 6 个月的股市进行看涨、看跌或看平的预测统计获得。将持牛市观点的人数占被调查人数的比率作为投资者情绪指标，该指数能够有效表现出投资者情绪的变化。

③投资者智能指数。该指数主要针对投资专业人士对未来市场的预期经过统计加权计算而成。主要通过对 130 多家报纸的投资评论家对市场未来走势预期的跟踪调查，将其对资本市场中股市的预期分为看涨、看平和看跌，将看涨和看跌百分比的差额作为投资者的智能指数衡量投资者情绪。这类指标在一定程度上主要是反映机构投资者的情绪。

④友好情绪指数。哈达迪（Hadady）公司通过询问咨询公司、基金公司和大型机构投资者以及相关财经类报纸关于周度的市场交易预期后根据投资观点和对未来的评价，包括对市场的态度等一系列指标构建了友好情绪指数。

⑤好淡情绪指数。《股市动态分析》期刊仿效美国的友好情绪指数的调查方式，每周五把对被调查者进行关于市场预期收益的看涨、看跌、看平三种观点进行调查统计，并构造出短期和中期两种好淡指数，发布在第二天的《股市动态分析》上，具有非常连续完整的特征。

⑥"央视看盘"指数。通过对中央电视台"央视看盘"栏目中咨询机构、证券公司、投资机构关于后市日度与周度市场的看涨、看跌以及看平的预测观点进行统计编制得到看盘指数，后又逐渐增加了反映个体投资者情绪的个人看盘指数。

⑦投资者信心指数。该指数是为了帮助市场投资者准确地把握证券市场的心理走向，为投资者提供一种新的决策依据，调查统计投资者对未来投资前景所持有的主观态度而构建的工具指数。另外，不少学者发现消费者信心指数与投资者信心指数正相关，也可用作投资者情绪的直接代理指标（Fisher and Statman，2003）。

（2）客观指标。客观投资者情绪指标通过对投资者情绪影响到市场后表现的市场活跃度来衡量，主要包括以下指标：

①封闭式基金折价率。该指标是比较常用的个人投资者情绪的表征指标。因为发达资本市场中的基金市场较为成熟，研究发现投资者情绪与封闭式基金显著相关，其结构以个人投资者为主，机构投资者所占的比重很小，这种结构特点决定了利用封闭式基金折价率代表个人投资者的投资者情绪的合理性（Baker and Wurgler，2006；Zweig，1973；DeLong，Shleifer and Summers et al.，1990），该指标与投资者情绪负相关。

②市场流动性指标。市场的高流动性是投资者高涨情绪冲击的表现，市场流动性能有效预测股票未来收益，因此流动性可作为投资者情绪的一个代理指标（Baker and Stein，2004）。其中，衡量流动性的换手率指标是较为常见的一种情绪代理变量，用当期成交股数与市场流通总股数的比值来表示；另一个衡量指标是买卖价差比，即用收盘时股票卖价与买价之差和均价的比值。阿米胡德（Amihud，2002）在研究流动性与股票收益关系时构建的非流动性指标既包含了股票收益率信息，又包含了交易量信息，且在大多数股票市场都可适用，因此也可作为衡量投资者情绪的一个

重要指标。

③新股发行量和新股上市首日的收益率。由于新股首日发行量及上市首日日均收益可以反映投资者对市场的热情程度，因此也是投资者情绪的理想代理变量。另外，新股首日上市换手率和月新开户数等也能反映投资者对市场的情绪，可以作为投资者情绪代理变量。

无论是主观指标还是客观指标，都只能从一个侧面反映投资者的心理，为了弥补单一指标的缺陷，学者们试图从综合角度研究投资者情绪指标，其中比较有代表性的是贝克和伍尔格勒（Baker and Wurler，2006）提出的 BW 指数，用基金折价率、IPO 数量及上市首日平均收益、换手率以及股利收益等项指标提取主成分，构建了复合情绪指标。易志高和茅宁（2009）在贝克和伍尔格勒（Baker and Wurler，2006）的基础上，基于中国资本市场情况构建了 CICSI 指标来衡量投资者情绪。

本书在对沪深交易所投资者情绪进行研究时，构建了复合情绪指标，以更全面反映市场投资者情绪。在对比研究新三板和创业板两个市场中投资者情绪对企业创新投资的影响时，由于新三板交易规则的特殊性，复合指标中的很多子指标数据在新三板市场不存在，只能采用单一指标测量投资者情绪。为体现市场间投资者情绪的差异，我们选择客观指标中的流动性指标作为投资者情绪的代理变量。

1.3.2 企业成长机会

《货币与投资词典》将"成长机会"（growth opportunities）定义为投资盈利项目的机会。当一项投资或一个项目有显著的增长潜力并可以给投资者带来收益时，这项投资或项目对潜在投资者而言就有成长机会的。成长机会构念最早由迈尔斯（Myers，1977）提出，迈尔斯将公司资产分为当前所具有的价值和未来成长机会的现值两部分，两者之间的根本区别在于，成长机会的价值取决于未来的自由裁量投资，而现有资产的价值则不然。迈尔斯认为公司的成长机会可以被视为一种实物看涨期权，这种"实物期权"的价值取决于公司未来可自由决定的投资。

1969 年，托宾（Tobin）提出著名的托宾 q 系数，该系数是企业股票市值与股票所代表资产的重置成本之间的比值。在托宾的研究基础上，阿贝尔（Abel，1983）提出考虑调整成本的 q-投资理论，该理论认为决定企业投资的唯一因素就是 q，因此 q 也被称为企业投资机会（investment opportunities）。一般情况下，企业成长机会等同于 q - 投资理论中的投资机会。当资本的价值相对于获得资本的成本增加时，资本投资才更有吸引力（Keynes，1936）。

当企业拥有一个好的成长机会，意味面临更有吸引力的投资项目和发展前景，此时公司应该进行投资以实现持续不断的发展，因为持续的投资机会可以产生永久的利润增长率（Miller and Modigliani，1961）。在企业各种经济目标中，成长目标是与公司生存息息相关的一个重要绩效目标，一个丧失成长机会的企业对其股东的控制权而言是一个很大的威胁（Choi，Zahra，Yoshikawa and Han，2015）。在一个成长机会好的环境中运营的公司比在不利环境中运营的公司成长更快，但在同样有利环境中运营的公司，其业绩和增长率也会因其投资战略不同而存在重大差异。

企业成长机会是一个抽象概念，学者们通过不同的代理变量对其进行测量。最常用的指标是托宾提出的 q 值。托宾（Tobin，1969）在《货币理论的一般均衡分析》中提出的货币—资本模型中发现，企业的投资率（投资者希望增加资本的速度）与 q 值相关，用企业股票市值与股票所代表资产的重置成本之间的比值来表示，即每增加一单位投资的市场价值。他认为，各种金融政策工具对关键变量 q 的影响作用代表了对总需求的影响，因此金融政策或事件要对总需求产生作用必须通过改变资产相对于其重置成本的价值，即 q 值。托宾提出的 q 值是一个边际值，由于边际 q 在实践中不可观察，林文夫（Hayashi，1982）又提出平均 q 的概念，用现有资本的市场价值与其重置成本的比值来衡量，此后的实证研究中都用可观察的平均 q 来代替托宾提出的边际 q。从 q 值的计量公式可以看出，该值越大，企业的成长机会越高。

除了托宾 q，也有学者用市账比衡量企业成长机会（Chung and Charoenwong，1991；Collins and Kothari，1989；Graham and Rogers，2002；Lewellen，Loderer and Martin，1987），与 q 不同的是，市账比用股权的市场价值除以股权的账面价值来表示，股权的市场价值衡量的是来自现有资产和未来投资机会的所有未来现金流的现值，而股权的账面价值仅代表现有资产产生的累计价值。但市账比容易受到杠杆率的影响，而杠杆率本身也会影响企业的投资机会（Rajan and Zingales，1995；Frank and Goyal，2005）。如果一个低成长机会的公司选择更多的债务融资，则用市账比衡量的投资机会比用 q 衡量的投资机会就高。另外，如果企业的股权价值为负，该指标就不能代表企业的成长机会，因为一个负的成长机会对研究没有意义。因此与市账比相比，q 能更好地衡量企业成长机会。

以上两种衡量方法都是以市场价值为基础的衡量指标，对资本市场估值能力要求较高。理论上，在一个有效的资本市场中，企业一切有价值的信息已及时、准确、充分地反映在股价走势当中，其中包括企业当前和未来的价值。但在发展程度较低的市场，股票价格的变化不能很好反映公司基本价值，股价包含的公司基本面的信息较少（Allen，Qian and Qian，2005；Morck，Yueng and Yu，2008）。在这种情况下，就需要通过反映企业基本面状况的指标来衡量其成长机会。因为企业收入是客户对企业产品需求程度的最直接反馈，不断增长的收入可以反映出实体经济市场对企业发展前景的态度，进而影响企业进一步的投资决策行为。因此，学者们在研究中也用收入增长率作为企业成长机会的代理变量（Firth，Lin and Wong，2008；Billett，King and Mauer，2007；Luigi and Giuseppe，1999）。

本书在对沪深交易所上市企业进行研究时，用托宾 q 指标来衡量企业的投资机会。在进行新三板和创业板创新投资比较研究时，因新三板发展水平较低，流动性差，新三板挂牌企业的股价变化不能很好反映企业的价值，因此，出于可比性的考虑，我们用收入增长率来衡量企业成长机会。

1.3.3 企业创新投资

1. 企业创新

"创，始也"，"新，与旧相对"。在我国，创新一词最早见于《魏书》中的"革弊创新者，先皇之志也"，意为改革制度。在西方，英语中 innovation（创新）一词起源于拉丁语。它的原意有三层含义：一是更新，即对原有的东西进行替换；二是创造新的东西，即创造出原来没有的东西；三是改变，即对原有的东西进行发展和改造。《辞海》中阐释了创新的三层含义：一是抛开旧的，创造新的；二是在现有基础上改进更新；三是指创造性、新意。创新一词已经成为现今使用最频繁的词汇之一，与创新相关的提法层出不穷，如技术创新、产品创新、工艺创新、体制创新、管理创新、制度创新等。

"创新之父"美籍奥地利政治经济学家熊彼特在其 1911 年发表的著作《经济发展理论》中，首次从经济学的角度定义了创新的概念（Schumpeter, 1911）。他将创新定义为一种生产函数的重新组合或者转移，目的是掠取潜在的超额利润。他将创新分为以下五种类型：（1）引进新的工艺或新的生产方法。（2）生产新的产品。（3）开拓新的市场。（4）开辟且利用新的原材料或半制成品的供给来源。（5）利用新的组织方式。归纳熊彼特对创新的分类可以发现，第（1）（2）属于技术性创新，（3）（4）（5）属于非技术性创新。本书研究的创新属于技术性创新范畴。

随着新技术革命的迅猛发展，美国经济学家华尔特·罗斯托（Rostow, 1971）提出了"起飞"六阶段理论。他将"技术创新"提高到创新的主导地位上，认为在一个国家走向成熟阶段过程中，经济增长极开始转变为技术创新极。目前我国已经进入这一发展阶段，技术创新对我国经济发展起到至关重要作用。

埃诺斯（Enos, 1962）首次从行为集合角度对技术创新下了定义，他认为技术创新是几种行为综合的结果，这些行为包括发明的选择、资本的投入保证、组织的建立、计划的制定、人员招聘及市场开拓等。弗里曼（Freeman, 1982）从经济学角度将技术创新定义为新产品、新过程、新系统和新服务的首次商业性转化。1978 年美国国家科学基金会（NSF）指出技术创新是将新的或改进的产品、过程或服务引入市场，明确将模仿和不需要引入新技术知识的改进作为最低层次的两类创新，并将其划入技术创新定义范畴。米泽尔（Mueser, 1980）对已有研究进行整理分析后，将技术创新重新定义为以构思新颖性和成功实现为特征的有意义的非连续性事件。这一概念强调了技术创新的新颖性、非连续性以及必须成功实现等内涵。

从学者们对技术创新的不同界定可以发现，产生分歧的争论点在于：（1）对技术创新中"技术"的限定是否包含不需要新技术知识的生产工艺或操作方式的变化；（2）技术创新是否应包含不需要新技术知识的增量性改进创新，如改进的产品、过程或服务；（3）技术创新是否应包含创新初期未达到盈利或增长的部分。

鉴于以上争论，结合我国实际国情，傅家骥（1998）重新界定了技术创新："技术创新是企业家抓住市场的潜在盈利机会，以获取商业利益为目标，重新组织生产条件和要素，建立起效能更强、效率更高和费用更低的生产经营系统，从而推出新的产品、新的生产（工艺）方法，开辟新的市场、获得新的原材料或半成品供给来源或建立企业的新的组织，它是包括科技、组织、商业和金融等一系列活动的综合过程。"从该界定我们可以看出，技术创新是企业创新的一个综合过程，包含了企业从创新投入到产出的全过程，涵盖了企业创新的各环节，与我们通常讲的企业创新概念可以等同视之。

2. 企业创新投资

投资是经济主体为获得经济效益而垫付货币或其他资源用于某项事业的经济活动。企业创新投资属于企业投资活动的一部分，是企业为实现技术创新进行的投资活动。与传统的实物投资（投资于厂房、设备等有形资产）相比，创新投资的对象是无形的，例如专利的研究开发费用、为研发人员支付的工资，以及购买商标、知识产权、软件等无形资产。创新投资的长期性、不确定性、高风险性和不可抵押性使得影响企业创新投资决策的因素与传统投资项目有很大区别。与创新投资相类似的概念包括 R&D 投入、研发支出和研发投入等。创新投资与上述概念的重要差异是将其视作投资行为，因此创新理论和投资理论是创新投资研究的理论基础。从创新角度考虑，创新投资是创新活动的最始端，是决定企业创新发展的关键环节；从投资角度考虑，创新投资是一项不确定性很强的支出，但创新一旦成功将给企业带来超额收益。

创新投资中最重要的一种投资形式就是企业的研发投资（R&D）。任何创新都是从研究开发开始，没有研究开发就谈不上创新，即使通过技术引进，要把它们变成本企业自己能实现的商品，也需要做开发工作（傅家骥，1998）。研发（R&D）投资即是企业在研究和开发新技术过程中的投资。联合国教科文组织（United Nations Educational, Scientific and Cultural Organization）对 R&D 的定义如下：R&D 活动是指任何增加知识总量，以及运用这些知识创新的应用而进行的系统的、创造性的工作，R&D 活动是科技活动中最富有创新性的部分，是科技活动的核心部分。我国财政部于 2007 年 9 月 4 日发布的《关于企业加强研发费用财务管理的若干意见》指出，企业 R&D 费用（即原"技术开发费"），指企业在产品、技术、材料、工艺、标准的研究、开发过程中发生的各项费用，其中包括：（1）研发活动直接消耗的材料、燃料和动力费用；（2）企业在职研发人员的工资、奖金、津贴、补贴、社会保险费、住房公积金等人工费用以及外聘研发人员的劳务费用；（3）用于研发活动的仪器、设备、房屋等固定资产的折旧费或租赁费以及相关固定资产的运行维护、维修等费用；（4）用于研发活动的软件、专利权、非专利技术等无形资产的摊销费用；（5）用于中间试验和产品试制的模具、工艺装备开发及制造费，设备调整及检验费，样品、样机及一般测试手段购置费，试制产品的检验费等；（6）研发成果的论证、评审、验收、评估以及知识产权的申请费、注册费、代理费等费用；（7）通过外包、合作研发等方式，委托其他单位、个人或者与之合作进行研发而支付的费用；（8）与研发活动直接相关的其他费用。

财政部对研发费用的定义从会计核算角度厘清了企业研发过程中可用货币计量的支出。从中国现行会计准则对企业自主创新研发投资的核算规定来看，要求区分研究开发过程的研究阶段和开发阶段，其中研究阶段的支出予以费用化，计入当期损益，而开发阶段的支出，能证明以下情况时予以资本化，计入无形资产：（1）从技术上来讲，完成该无形资产以使其能够使用或出售具有可行性；（2）具有完成该无形资产并使用或出售的意图；（3）无形资产产生未来经济利益的方式，包括能够证明运用该无形资产生产的产品存在市场或无形资产自身存在市场；无形资产将在内部使用时，应当证明其有用性；（4）有足够的技术、财务资源和其他资源支持，以完成该无形资产的开发，并有能力使用或出售该无形资产；（5）归属于该无形资产开发阶段的支出能够可靠地计量。学者们对于创新投资的度量也主要通过 R&D 支出计算（易志高、茅宁，2009；张春兴，2012；张戈、王美今，2007；张圣平等，2003；张信东、李娟，2017）。但从企业创新投资实践来看，除了自主研发外，企业还可能通过外购或并购实现快速创新，如购买的专利、品牌以及与研发相关的资产，这些都体现在企业无形资产的增加，因此也有学者直接用无形资产增加测量企业创新投资。但上述两种测量方法都不能全面涵盖企业创新投资，而本书在对创新投资进行测量时不仅考虑传统的 R&D 投资，还包含了企业无形资产的增加（除土地所有权外），力求做到关键变量衡量的完整、可靠和准确。

1.4　研究内容、框架与方法

1.4.1　研究内容

在我国创新驱动转型关键时期和资本市场支持企业创新的改革之际，

本书试图将影响企业创新投资的内在驱动要素与外在市场因素纳入同一个分析框架，深入研究企业成长机会和市场投资者情绪影响企业创新投资的作用机制，在分析过程中按照"单因素影响—双因素作用""市场内分析—跨市场比较"逻辑思路展开研究。本书的具体研究内容包括以下几方面：

1. 挖掘影响企业创新投资行为的内在驱动要素——成长机会

在现金流—投资模型、q - 投资模型以及考虑创新的 q - 投资模型的分析基础上，通过以 2006 ~ 2016 年在中国上交所和深交所上市的 335 家国家级创新型企业为研究对象，实证检验了成长机会和现金流驱动企业创新的研究假设，奠定了后续实证研究的基础。

2. 探索投资者情绪影响企业创新投资驱动力的作用机制

在投资者情绪影响企业创新投资的理论分析基础上，基于不同产权性质企业，实证检验了投资者情绪通过影响企业成长机会作用于企业创新投资的机制。进一步，通过检验融资约束下的外部融资环境对企业创新投资行为的边际作用，证实了资本市场中投资者情绪影响创新投资的股权融资渠道。

3. 检验成长机会和投资者情绪不协调下的不同市场中企业创新投资行为差异

中国多层次资本市场中新三板市场有别于交易所的相关制度安排，该市场的企业成长性很高但投资者情绪极低，而创业板投资者情绪很高，但企业成长机会相较新三板较低。有鉴于此，基于不同资本市场中成长机会和投资者情绪的不协调，本书对创业板和新三板创新投资活动进行了比较研究，并从投资者情绪的中介效用检验了两个市场创新投资行为存在差异的原因。另外，通过对股权市场融资功能的跨市场检验，进一步证明了投资者情绪影响企业创新投资的融资渠道机制。

4. 基于机构投资者监督作用探讨投资者情绪影响企业创新投资的治理效应

通过对投资者情绪影响企业创新投资的利弊分析和检验，发现投资者情绪影响企业创新投资的非线性关系，进而从机构投资者监管视角出发，检验了独立型机构投资者和非独立型机构投资者在投资者情绪影响创新投资中的中介作用，以期从机构投资者治理视角，提出引导异质性机构投资者进入市场并通过对投资者情绪的中介影响作用促进企业创新投资的相关政策建议。

1.4.2　研究框架

《国家创新驱动发展战略纲要》战略三步走目标中的第二步提出到2030年跻身创新型国家前列，其中明确了研发支出占 GDP 比重要达到2.8% 的目标，而目前我国的研发支出占 GDP 的比重只有 2.1%。另外，我国多层次资本市场改革进入关键时期，通过改革提升资本市场服务企业创新能力是改革的重中之重，资本市场新三板精选层的设立、创业板注册制的实施等都是意在通过改革促进企业创新的重要举措。基于以上背景，围绕本书拟研究的问题，按照以下思路开展研究：

首先，通过对 q - 投资理论、融资优序理论、金融发展理论以及基于行为金融的企业投资理论以及成长机会、投资者情绪影响企业创新投资的相关文献进行了全面梳理和系统分析，找到问题分析的切入点，提出本书要研究的问题。

其次，基于现金流—投资模型、q - 投资模型以及考虑创新的 q - 投资模型，构建了成长机会和现金流影响企业创新投资的理论模型，并对影响企业创新投资的内部驱动因素进行了检验，并识别出成长机会是影响企业创新投资的第一驱动要素，为后续研究奠定了基础。

再次，通过市场内（沪深交易所）和跨市场（新三板和创业板）的研究，分别检验了投资者情绪无显著差别的场内市场中投资者情绪影响企业创新投资的作用机制，以及投资者情绪和成长机会不协调的两个市场中投资者情绪影响创新投资差异的中介作用。

最后，基于机构投资者的监督视角，在研究投资者情绪对不同市场创新投资产异化影响的基础上，检验了异质性机构投资者在上述关系中的中介作用，以期找到其对创新投资的治理作用。具体研究技术路线见图 1.2所示。

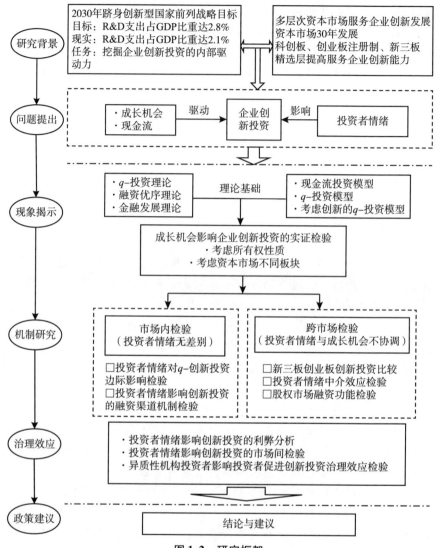

图1.2　研究框架

1.4.3　研究方法

本书采用规范和实证相结合的方法。在问题的提出、文献综述以及理论分析与假说提出部分采用了文献研究、归纳演绎等规范研究方法，在理论假设的检验中采用描述性统计、面板回归、处置效应模型、倾向得分匹配、中介效应检验等实证研究方法。

1. 采用文献研究法

在广泛查阅国内外的文献书籍，及时跟踪本领域研究的最新动态基础上，通过系统、全面地梳理文献，找到研究问题的切入点；通过仔细研读文献，掌握了有关企业创新投资和资本市场发展理论的基础和进展，为后续研究的开展打下良好基础。

2. 采用归纳演绎法

在进行资本市场选取依据研究中，通过对我国多层次资本市场的历史、现状及定位等深入分析，从多层次资本市场各板块中归纳出新三板创新层企业和创业板企业在地域分布、行业分布、研发投入、挂牌财务要求以及市场定位具有较高的相似度，进而选择了这两个市场作为市场间比较的研究对象。在各章假设提出过程中，在对已有理论和文献的分析基础上，本书通过推理和演绎提出研究假设。

3. 采用实证研究法

在对成长机会驱动企业创新的实证检验中，采用了描述性统计、均值检验、固定效应回归、分组检验（国有企业和民营企业）等方法；在外部融资环境影响企业创新投资原动力的作用机制检验中，采用了交乘回归、分组检验（国有企业和民营企业、融资约束企业和非融资约束企业）等方法；在企业创新投资市场间比较中，采用了描述性统计、固定面板回归、处置效应检验、中介效应检验、倾向得分匹配、分组检验（外部融资依赖组和内部融资依赖组）等方法；在投资者情绪影响企业创新投资再检验中，采用了混合回归、面板回归、分组检验（高管迎合组和高管非迎合组）、中介效应检验等方法。

1.5 主要创新点

本书的主要创新点体现在以下几方面：

首先，本书的研究为解开 q-投资理论之谜提供了新证据。q-投资理论认为企业的成长机会是企业投资的完全解释变量，但早期的大量实证研

究发现 q 对投资的解释力度有限。近期的研究发现，随着企业创新投资活动的增加，q 对企业投资解释力度加强。本书将创新投资活动从企业投资活动中剥离出来进行单独研究，发现 q 是企业创新投资活动的主导要素，从而支持了 q – 投资理论。

其次，本书基于新三板和创业板的跨市场比较分析，开辟了从多层次资本市场研究企业创新投资的新研究视角。已有关于创新投资的文献主要聚焦单一资本市场（如创业板）或所有场内市场（主板、中小板和创业板）的上市公司进行研究，鲜有基于中国多层次资本市场结构探讨不同发展程度的资本市场中差异迥然的投资者情绪对企业创新投资的影响。

再次，本书在阿贝尔（Abel，1983）的 q – 投资理论和贝克、鲁贝克和伍尔格勒（Baker，Ruback and Wurgler，2007）的非理性投资者框架的基础上，首次将影响企业创新投资的内在驱动因素成长机会与外部的市场投资者情绪纳入同一研究框架，拓展了已有关于影响企业创新投资的研究范式。

最后，本书丰富了投资者情绪通过股权融资渠道影响企业创新的相关研究。无论通过选取极具代表性的国家级创新型企业的"市场内"研究，还是选取服务中小创新企业的新三板和创业板企业进行"跨市场"比较，我们都发现投资者情绪通过股权融资渠道而并非管理者迎合渠道影响企业创新投资。

第 2 章

理论基础与文献回顾

本章主要围绕第 1 章所提问题，对与本书研究相关的理论进行了详细梳理和分析，并对成长机会影响企业创新投资以及投资者情绪影响创新投资的文献进行了归纳、总结和评述，进而为后续的研究奠定理论基础。

2.1 理论基础

2.1.1 q - 投资理论

诺贝尔经济学得主托宾（Tobin）于 1969 年在《货币理论的一般均衡分析》一文中提出著名的托宾 q 系数，该系数是企业股票市值与股票所代表资产的重置成本之间的比值（Tobin，1969）。托宾 q 是对凯恩斯（Keynes，1936）关于"当资本的价值相对于获得资本的成本增加时，资本投资就会变得更有吸引力"观点的理论实践。托宾 q 理论反映了宏观货币政策的传导机制，即：货币供应↑→股票价格↑→托宾 q↑→投资支出↑→总产出↑。因此，公司的投资率是关于 q 的增函数。

在托宾的研究基础上，阿贝尔（Abel，1983）提出考虑调整成本的 q - 投资理论。调整成本可以理解为企业进行投资时产生的成本，是购买成本和安装成本之和，调整成本被视为投资的函数。q - 投资理论的表达式为：

$$I_t = (q_t / \beta\gamma)^{1/(\beta-1)} \tag{2.1}$$

从式（2.1）可以看出，投资只与 q 有关，与企业投入的资本无关。在确定情况下，投资增长率等于 q 的增长率乘以投资弹性系数。但在不确定情况下，这种关系只有在边际调整成本方程为线性时才成立。如果边际调整成本函数是凸函数（或凹函数）时，投资的期望增长率就会小于（或大于）q 的增长率乘以投资弹性系数。

上述理论涉及的 q 系数实际上是边际 q（margin q），即单位资本的市场价值与重置成本的比率，其不具有可观察性，而我们能观察到的只是平均 q（average q），即现有资本的市场价值与其重置成本的比值。林文夫（Hayashi，1982）研究发现，如果企业是规模收益不变的价格承担者，那么平均 q 就能替代边际 q。此后的实证研究中都用可观察的平均 q 来代替托宾提出的边际 q。

尽管 q-投资理论认为 q 是投资的充分统计量，但该理论在实证研究中的效果令人失望。大量实证研究发现，投资对 q 的回归系数通常很小，甚至不显著（Abel，2018；Alti，2003；Cooper and Ejarque，2003；Lewellen and Lewellen，2016；Fazzari，Hubbard and Petersen，1988）。学者们试图探索 q 投资理论不能在企业实践中发挥作用的原因，但此问题至今仍然是个谜。一种解释是因为企业存在融资约束，因此，投资—现金流的系数远远大于投资–q 系数（Fazzari，Hubbard and Petersen，1988），还有一种解释是由于 q 的测量误差导致（Abel，2018；Alti，2003；Gomes，2001）。

大量研究对融资约束的解释进行了反驳。戈梅斯（Gomes，2001）在其构建的定量模型中发现公司面临的融资约束已被包含在公司的市场价值中，进而被 q 所捕捉。因此，理论上即便企业存在融资约束也不会表现在现金流对投资的解释中，实证中现金流系数显著为正的原因是 q 的测量误差所致。库珀和埃贾克（Cooper and Ejarque，2003）构建了一个二次调整成本和凹收入函数的模型，并对其进行了数值求解，发现在没有融资约束的情况下，投资对现金流也是敏感的。他们认为投资的现金流敏感性反映了市场的作用而非融资约束。阿贝尔和埃伯利（Abel and Eberly，2011）在随机动态框架下推导出托宾 q 的闭式解，发现在没有融资约束的情况下，现金流的系数仍然显著为正。

近年来的研究发现，随着企业无形资产投资的增加，投资—现金流的敏感系数不断下降，而投资和托宾 q 之间的关系变得更紧密。彼斯和泰勒（Peters and Taylor，2017）建立了无形投资–q 模型，发现托宾 q 对无形资产投资的解释力度强于有形资产。安德雷和曼恩（Andrei and Mann，2019）在标准 q-投资模型中加入了与企业研究活动相关的两种不同机制：创新和学习，发现创新和学习都内生地放大了边际 q 的波动性，进而提高了投资–q 回归的拟合度[4]。

从半个世纪前 q-投资理论的提出至今，关于该理论是否能解释企业实践中的投资决策问题一直是学界讨论的热点。随着新技术革命的兴起和发展，企业的投资活动从传统的有形资产投资开始便更重视无形的创新投资，q-投资理论也成为研究创新投资的重要理论基础。

2.1.2　融资优序理论

迈尔斯和迈鲁夫（Myers and Majluf, 1984）提出股票发行—投资决策均衡模型，该模型在假定公司管理者和外部投资者存在信息不对称的情况下，发现公司面对有投资价值的项目时，可能会依靠内部资金来源进行投资，在需要外部融资时更倾向于债务融资而不是股权融资，这就是著名的融资优序理论。

传统金融学理论认为，企业在做投资决策时可以假定其拥有足够的现金流，因此只需关注投资项目是否可行。因此，在一个有效的资本市场上，投资决策规则就是投资每一个净现值大于零的项目，不用考虑用内部资金还是外部资金支付。而融资优序理论认为当企业存在投资机会时，考虑使用内部资金还是从外部筹集资金，对企业投资决策的影响有很大区别。

该理论有很严格的假设前提：（1）假设公司（即其管理者）拥有投资者没有的信息，而传递信息的成本很高，且管理者和投资者都意识到这一点；（2）假设当公司有需要投资的项目（I）时，可通过企业财务松弛（S）或发行股票（E）来筹措投资资金，且 $S < I$，因此必须在通过发行股票筹资，否则机会将转瞬即逝，进而损害企业的价值；（3）假设资本市场是完美、有效的，发行股票不存在交易费用；（4）假设无论市场存在什么信息，公司股票的市场价值等于其预期的未来价值。

在信息不对称的情况下，如果管理者掌握了内幕消息，且该消息是一个好消息，那么，从原股东的利益出发，即使放弃该投资机会也会拒绝发行股票。因为对他们来讲，以低价发行股票的成本可能会超过项目带来的净现值。这就会出现一个有趣的现象：外部投资者意识到自己的相对无知，会推断出不发行股票的决定意味着"好消息"，发行股票则意味着"坏消息"。因此，当公司发行股票时，发行价会受到投资者意愿的影响，进而影响"发行—投资"决策。

那么，问题的关键是非对称信息下管理者的目标。假设管理者行为存在以下三种可能：（1）管理层以全体股东的利益为出发点，忽视新老股东之间的利益冲突；（2）管理层从老股东的利益出发，假设老股东是被动的；（3）管理层的行为符合老股东的利益，但假设老股东从公司的行为中吸取教训，理性地重新平衡投资组合。

如果管理者投资于所有 NPV 为正的项目，那么老股东在股票发行后平均收益会更好。而从管理层激励和公司文化来看，也鼓励管理层通过 NPV 为正的项目实现企业长期价值最大化。另外，遵循该规则也可能符合管理者的自身利益：一个不允许新老股东之间的利益冲突阻碍正 NPV 项目的管理者，可能会比允许新老股东之间的利益冲突阻碍正 NPV 项目的管理者事先要求更高的薪酬。但是，为企业投资进行融资时，管理层不可避免需要承担融资责任。与新股东的利益相比，管理者的个人利益可能与老股东的利益更紧密地结合在一起。因此，该理论中假设管理层的行为符合"老"（现有）股东的利益。

另外，如果假设老股东是被动的，即除了可能购买任何新发行股票的预定部分外，不会根据公司的发行—投资决策调整他们的投资组合。那么，这一假设使得融资对于企业投资变得更重要。一家公司如果有充足的财务松弛——持有大量的现金或有价证券，或者有能力发行无违约风险的债务，就会抓住所有的正 NPV 机会。同样的公司如果没有财务松弛，可能就会放弃该投资机会。

融资优序理论通过识别管理者和外部股东信息不对称引起的逆向选择问题，发现在公司内部现金流不充裕的情况下，管理层会放弃好的投资机会而不是去资本市场进行股权融资，企业的现金流成为决定其是否进行投资的重要决定因素之一。因此，该理论也是分析企业创新投资决策的重要理论基础。

2.1.3　金融发展理论

作为金融发展理论奠基人的戈德史密斯（Goldsmith）在其《金融结构与金融发展》一书中指出，金融结构是指各种金融工具和金融机构的相对规模，它们随时间变化的方式在各国不尽相同，而金融发展就是金融结构的变化（Goldsmith，1969）。这些变化的差异反映在不同金融工具及金融机构相继出现的次序、相对增长速度、对各经济部门的渗透程度，以及对一国经济结构变化的适应速度及特点等方面。通过对 35 个国家数十年的研究发现，大多数国家的金融发展与经济发展之间存在大致平行关系，但是尚未弄清这种联系的因果方向，即到底是金融因素促进了经济发展，还是金融发展是由其他因素引起的经济增长的一种反应？

1. 金融发展与经济增长

麦金农（Mckinnon，1973）和肖（Shaw，1973）分别提出的"金融抑制论"和"金融深化论"标志着金融发展理论的正式形成。麦金农（Mckinnon，1973）通过对发展中国家的研究发现，由于金融体系发展的不平衡、不发达等特点，大量经济单元彼此隔断，没有一种市场机制能使其趋于收敛。这些特征导致微观个体被排斥在有序市场之外，大量资金需求得不到满足，投资只能依赖内部融资，最终导致投资水平下降。另外，发展中国家对金融机构存在各种制度限制，利率限制会导致信贷资本配置效率降低，大量企业或个人因实际利率过低不愿意通过储蓄进行内部积累，而是转向实物投资。最终的结果是银行资金急剧减少，功能不完善，引起整个社会投资下降，经济增长速度放缓。肖（Shaw，1973）认为完善的金融制度能引导资金流向生产投资领域，从而加速经济增长，而健康的经济反过来通过满足个体金融服务的需求来刺激金融发展，形成了金融和经济互相促进的态势。"金融抑制论"和"金融深化论"主张用金融自由化政策促进发展中国家的经济发展，建议发展中国家取消金融抑制政策，通过放弃对金融的过度干预，让利率反映市场对资金的真实需求水平，恢复金融体系聚集资金的能力，进而促进经济发展。

金融自由化理论在实践中大多令人失望，许多发展中国家推行金融自由化改革以后不仅未达到预期，反而引起金融危机和经济停滞。受到东亚经济尤其战后日本的成功经验的影响，赫尔曼、默多克和斯蒂格利茨（Hellmann，Murdock and Stiglitz，1997）提出了"金融约束理论"，研究了在金融深化程度较低的初始环境中如何解决金融市场稳定和经济增长之间的关系。他们提出一套金融政策，构成了政府促进金融深化战略的核心，这套金融政策被称为"金融约束"，其实质是政府通过一系列的金融政策为私人部门创造租金机会。该理论认为政府应将存款利率设定在竞争均衡水平以下，而且为了维护金融部门的租金，政府必须对进入金融部门进行管制，有时还必须对竞争进行直接管制。在控制存款利率的同时，还可以对不同部门的贷款利率进行一系列控制，这种控制的作用是影响金融和生产部门之间的租金分配。金融和生产部门的租金可以在减少阻碍完全竞争市场的信息相关问题上发挥积极作用。特别是，这些租金促使私营部门代理人增加商品和服务的供应，而这些商品和服务在纯竞争市场中可能供应不足。金融政策有效运作需要满足几个先决条件：稳定的宏观经济环境、低通货膨胀和正的实际利率。

与金融抑制的区别在于，在金融约束下，政府的行动是在私营部门内创造租金而非抽取租金。在私营部门内部创造的租金有助于加强银行和企业的激励措施，使其增加在竞争性均衡中供应不足的商品和服务的产出。在金融部门，平均租金为银行创造了特许经营权价值，并促使银行提供更好的监督，而边际租金则鼓励银行开发新的存款来源，而企业获取的租金则使其能够传递有关投资机会的私人信息。因此，由于监测有力，信息质量高，分配效率高，较低的利率和较多的留存收益降低了代理成本，使资金分配更加有效。

2008年金融危机后，已有金融发展理论无法对危机的产生进行合理解释，学者们开始重新验证金融发展和经济增长之间的关系，并提出"金融过度论"。伯克斯、帕尼萨和阿坎德（Berkes，Panizza and Arcand，2012）发现，金融部门规模非常大的国家，金融深度与经济增长之间不存在正相关关系，而在拥有小型和中型金融部门的国家，金融深度与经济增长之间存在着正向和稳健的相关性。因此金融发展并不能一直单项促进经济增长，而是存在一个阈值，超过这个阈值，金融发展就不再对经济增长产生积极影响。他们认为金融体系对经济增长产生负面影响的原因是增加了经济波动和大规模经济崩溃的可能性或是出现了资源分配不当。切凯蒂和卡罗比（Cecchetti and Kharroubi，2012）研究了金融体系的规模和增长对总体经济层面的生产率增长的影响，他们发现金融部门规模对生产率增长具有倒U形效应，也就是说，到了一定程度，金融体系的进一步扩大会降低实际增长。而且，金融部门的增长会拖累生产率的增长。他们对这一现象的解释是由于金融部门与其他经济部门争夺稀缺资源，所以金融繁荣一般不会促进增长。金融过度理论的提出，加上金融危机的发生与近几年金融脱实向虚现象迫使我们重新思考和评估现代经济体系中金融与经济增长的关系，金融越多不一定越好。

2. 金融发展与企业创新

诺贝尔经济学奖得主霍姆斯特罗姆（Holmstrom，1989）认为企业的创新项目具有如下特点：（1）风险性——失败机会很高，也有可能获得超常回报；（2）不可预见性——很多未来突发事件是不可预见的；（3）长期及阶段性——项目有发明、发展及完成阶段，并可在这些阶段随时终止；（4）劳力密集性——所有阶段都需要大量人力；（5）特殊性——不容易与其他项目进行比较。他认为，在最简单的抽象中，对创新项目的决策即是投资决策，属于如何配置资本的标准问题。对于企业创新投资而言，金融市场最关键的作用在于给企业提供创新所需资金。拉詹和津加莱斯（Rajan and Zingales, 1998）开创性提出金融发展对需要依赖外部融资的企业（或行业）的增长更有帮助。而创新是促进企业增长的重要投入，金融市场对企业创新的支持越多，对企业增长的贡献就越大。因此，要有效促进创新，就需要运作良好的金融市场，在降低融资成本、分配稀缺资源、评估创新项目、管理风险、监督管理者等方面发挥关键作用（Campos, Langer and Krowitz, 1970）。

以银行为基础的信贷市场中，银行对企业的影响可能以一种消极的方式表现出来。例如，一旦银行获得了有关企业的大量内部信息，就可以从企业那里榨取租金，企业必须为其获得更多的资本付出代价。在新的投资或债务重新谈判方面，拥有权力的银行可以从企业中获取更多的预期未来利润（与资本市场相比），这种从潜在盈利的投资中提取部分预期回报的能力，可能会减少企业为进行创新、盈利的投资所付出的努力（Rajan, 1992）。另外，虽然与大银行关系密切的企业可能有更多的资本获取渠道，现金约束较少，但这些企业的发展战略普遍保守，因此创新项目的投资会更少。此外，银行作为债务发行人具有天然的内在审慎倾向，与创新项目的不确定性等特点严重相悖，因此，以银行为基础的信贷市场制度可能会阻碍企业的创新和发展（Morek, Yueng and Yu, 2000）。

以股票市场为基础的资本市场中，拥有一套更丰富的分散风险的管理工具，股票市场的投资人可通过合理配置投资组合在支持高风险创新项目的同时获利。股票市场一个众所周知的特点是，在理性预期下，投资者能够从均衡价格中提取相关的信息（Grossman, 1976）。股市的信息制造功能，降低了公司和投资者之间的信息不对称，使得投资者更愿意将钱投资于证券市场，更有利于企业为创新融资。从创新自身来讲，因为有关创新项目前景的信息要么稀少，要么难以处理，因此通常难以评估，结果也往往是众说纷纭（Allen and Gale, 1999）。由于股票市场能及时提供均衡的证券价格，因此股票市场的发展使得企业的投资机会前景有了宝贵的信息，从而影响企业管理者的实际投资决策。当一个企业拥有好的创新机会但信息又比较稀缺的时候，在股权市场能得到更多资金资助（Campos，Langer and Krowitz，1970）。相对于以银行为基础的金融系统，股权市场是创新融资的重要资金来源，股权市场越发达越有利于企业创新（Brown，Fazzari and Petersen，2009）。

2.1.4 基于行为金融的企业投资理论

行为金融学的发展，为公司金融理论注入了新的活力。在传统金融理论的假设中，投资者是完全理性的，市场是有效的，因此其对市场的股票价格的预期是同质的。这种情况下，公司的融资活动不存在择机行为，公司股票发行的价格和数量不会受到资本市场投资者的影响。然而，在行为金融理论中，市场投资者是非理性的，他们对公司未来的预期会受到其心理变化的影响，进而反应在股票交易行为上。从公司管理者投资决策角度出发，市场投资者对其股票的非理性预期势必反作用于公司投资决策。贝克、鲁贝克和伍尔格勒（Baker，Ruback and Wurgler，2007）基于已有关于行为公司金融的研究基础，提出非理性投资者框架下的企业投资理论和非理性管理者框架下的企业投资理论。

1. 非理性投资者框架

假设一个极端存在，即理性的经理人与非理性的投资者共存，其中有两个关键点：第一，非理性投资者必须影响证券价格，这就要求限制套利；第二，管理者必须聪明，他们能够区分市场价格和基本价值。利用低效市场和聪明经理人假设，为非理性投资者建立了一个简单的理论框架。在该框架中，管理者需要平衡三个相互矛盾的目标。

第一个目标是基本价值最大化。这意味着在选择投资项目并为其融资时，需要以提高项目未来现金流现值为目标。为简化分析，不考虑税收、融资约束成本、代理问题或不对称信息问题。假设公司的基本价值为：$f(K, \cdot) - K$，其中 f 是随投资 K 增加的凸函数，在新的投资 K 中增加和凹进。当市场不完美导致莫迪利安尼—米勒（Modigliani and Miller，1958）定理失效时，融资可以与投资一起进入 f 函数。

第二个目标是使公司的当前股价最大化。在完美的资本市场中，前两个目标是相同的，因为市场效率的定义是价格等于基本价值。但是一旦放松了投资者理性的假设，这就不一定是真的，两个目标就是不同的。特别是，第二个目标是通过特定的投资项目"迎合"短期投资者的需求，或者通过包装公司及其证券进而最大限度地吸引投资者。通过这样的迎合，管理者能暂时影响误定价，我们用公式 $e\delta(\cdot)$ 来表示，其中 δ 取决于投资者情绪的性质。

第三个目标是利用目前的误定价为现有股东谋利。这就需要通过"市场时机"的融资政策来实现，即经理人在股价被高估是进行融资，在被低估时回购股票，且这种行为可以将价值从新的或即将离开的投资者转移到现有股东身上。为简单起见，将重点放在股票市场误定价上，因此 δ 是指当前价格与股票基本价值之间的差额。更一般地说，公司的每一种证券都可能在某种程度上被错误定价。通过出售股份 e，长期股东可获利 $e\delta(\cdot)$。

将基本价值目标、迎合目标和市场时机目标放在一个目标函数中，管理者选择投资的最大化价值为：

$$\max_{K,e}\lambda\big[f(K,\ \cdot)-K+e\delta(\cdot)\big]+(1-\lambda)\delta(\cdot) \qquad (2.2)$$

其中，λ（介于 0 和 1 之间）指定管理者的视野。当 $\lambda=1$，现有的股东只关注现有股东的价值，此时最后一项为零，即管理者不存在迎合。然而，即使是一个极端的长视管理者也会出于市场时机的目的而关注短期误定价，因此也会有迎合目标，而管理者短视下，即便在不发行股票的情况，股价最大化本身就成为一个目标。

将管理视野视为既定的，即由管理者个人特征、职业关注和薪酬合同等所决定。如果经理人计划在短期内出售股权或行使期权，则方程中的 λ 会降低。然而，管理视野也可能是内生的。例如，假设一个风险投资者认识到了泡沫。他可能会给初创公司经理提供一份合同，合同中会有大量期权和短期激励措施，因为他不太关心 IPO 锁定期之后的估值。管理者的职业关注和公司控制权在市场中旁落可能结合起来使管理者更短视，因为如果经理不能使短期价格最大化，公司可能被收购，经理可能被炒鱿鱼。

对 K 和 e 的区分给出了理性管理者在低效率资本市场中的最优投资决策：

$$f_K(K,\ \cdot)=1-\Big(e+\frac{1-\lambda}{\lambda}\Big)\delta_K(\cdot) \qquad (2.3)$$

以及最优融资决策：

$$-f_e(K,\ \cdot)=\delta_K(\cdot)+\Big(e+\frac{1-\lambda}{\lambda}\Big)\delta_e(\cdot) \qquad (2.4)$$

式（2.3）是投资政策。投资创造的边际价值与标准资本成本进行比较（此处简化为 1），减去增量投资对误定价的影响，因此得到误定价对迎合和市场时机影响产生的收益。

式（2.4）是融资政策。将公司当前的资本结构转向股权所造成的边际价值损失，与直接的市场时机收益以及这种增量股票发行对误定价的影响，以及由此对迎合和市场时机收益的影响进行权衡。

在理性经理人、非理性投资者的框架下，投资者情绪对企业投资有两方面的影响。一方面，投资本身可能是一个容易被错误定价的特征（$\delta_K > 0$）。例如，投资者可能高估了特定技术的投资价值。另一方面，一个受到融资约束的公司（$f_e > 0$）可能会被迫放弃有价值但却被低估了的投资机会。

2. 非理性管理者框架

假设另一个极端存在，即非理性的经理人在有效资本市场中运作。非理性管理行为是指背离管理者理性预期和期望效用最大化的行为，这种情形下，管理者认为他的决策目标是公司价值最大化，但实际上已经偏离了方向。

假设管理者对公司资产的价值和投资机会持乐观态度，他需要平衡两个相互冲突的目标：

第一，最大化感知的基本价值。为了捕捉这一点，我们用乐观参数 γ 增加了基本价值，即为 $(1+\gamma)f(K, \cdot) - K$，其中，其中 f 是随投资 K 增加的凸函数。管理者对现有资产和新的投资机会都持乐观态度。同样，当市场不完美导致 Modigliani – Miller（1958）定理失效时，融资可以与投资一起进入 f 函数。

第二，最小化可感知的资本成本。在这里，假设管理者代表现有股东行事，因为他持有公司股份并对公司有受托责任。这就和非理性投资者框架中的市场时机目标相似，只是乐观的管理者认为永远没有发行股票的好时机。特别地，由于资本市场是有效的，公司真实的基本价值是 $(f-K)$，管理者认为公司被低估了 γf，因此在出售公司部分股份 e 时，他认为现有的长期股东将损失 $e\gamma f(K, \cdot)$。

将两个目标放在一个目标函数中，乐观的管理者选择投资的最大化价值为：

$$\max_{K,e}(1+\gamma)f(K, \cdot) - K - e\gamma f(K, \cdot) \qquad (2.5)$$

对 K 和 e 的区分给出了乐观的管理者在有效资本市场中的最优投资：

$$f_K(K, \cdot) = \frac{1}{1 + (1-e)\gamma} \qquad (2.6)$$

以及最优融资决策：

$$(1+\gamma)f_e(K, \ \cdot \ ) = \gamma(f(K, \ \cdot \ )+ef_e(K, \ \cdot \ )) \tag{2.7}$$

总而言之，在第一个投资决策方程中，管理者没有将投资创造的边际价值设定为资本的真实成本，而是过度投资，以至于边际价值创造小于1。管理者越乐观（γ），在为投资进行融资时发行股票（e）越少，问题就越大。在第二个融资决策方程中，管理者将公司当前的资本结构从股权中转移所造成的边际价值损失与感知到的市场时机损失相权衡。

如果没有最优的资本结构，则f_e等于零，管理者就不会发行股票，则e为零，那么，融资、内部资金和投资之间没有相互作用。在这种情况下，乐观的管理者显然会过度投资。

2.2　文献回顾

2.2.1　企业成长机会与创新投资

企业创新投资是企业投资活动的一部分，与传统的投资于厂房、设备等有形资产相比，创新投资的对象都是无形的，例如研发人员的工资、专利的研究开发费用、购买商标、知识产权、软件等资产。创新投资的长期性、不确定性、高风险性和不可抵押性使得影响企业创新投资决策的因素与传统投资项目有很大区别。因此，自熊彼特提出创新理论至今，关于影响企业创新投资的研究成果已经非常丰硕。

1. 企业创新投资的影响因素

在企业创新相关研究中，对创新投资的定义一直没有达成统一的标准，因此文献中通常用研发支出、无形资产增量、研发支出与无形资产增量之和等三种测量方式。研发支出（R&D）是应用最广泛的创新投资替代指标。尽管创新投资和研发支出可以说是动态相关的，随着时间的推移，创新投资高的企业，其研发支出也会更高，但两者还是有区别的。也有部分学者用无形资产增量作为创新投资的测量指标，但这种做法又忽视了研发支出的重要作用。张信东等（Zhang, Xue, Zhang and Ding, 2020）认为除了研发支出外，创新投资还应该包括购买的专利、品牌以及与研发相关的资产，这些资产主要体现在企业的无形资产账户中，对这些项目的投资也能提升企业的创新能力。鉴于已有文献对创新投资测量方式多样，因此本书在进行创新投资相关文献回顾时包含了所有上述测量方式的文献，并从宏观层面、资本市场层面和企业微观层面进行了简单梳理。

宏观层面影响企业创新投资决策的因素主要有经济政策不确定性、环境不确定性、产业政策、税收政策、政府补贴等。相关研究表明，经济政策不确定性能带来未来收益的机会更大，因此可以激励企业增加研发投入（顾夏铭等，2016），而环境的不确定与企业创新投资呈倒 U 形关系，政府补助能起到正向调节作用（刘婧、罗福凯和王京，2019）。国家的相关产业政策能通过缓解企业融资约束促进企业创新（杨蓉、刘婷婷和高凯，2018），但国家创新方面的补贴总体而言并不能有效激励企业创新自主投资（李万福、杜静和张怀，2017）。国家的税收激励政策能显著促进企业研发投入，尤其对成熟期企业的激励作用更大（刘诗源等，2020）。

资本市场层面影响企业创新投资决策的因素有股票流动性、机构投资者、卖空机制以及股权市场和期权市场自身。关于股票流动性与企业创新投资的关系尚未达成共识，张信东和李娟（2017）发现股票流动性对企业创新投入有显著的促进作用。金永红等（2016）和庄新霞等（2017）发现风险投资的参与能促进企业创新投资，布拉夫等（Brav et al.，2018）认为共同基金的干预会降低企业的研发投资，权小锋（2017）的研究表明融资融券制度的实施并没有显著影响公司的创新投入。布朗、法扎里和彼得森（Brown，Fazzari and Petersen，2009）发现股票市场可以通过缓解融资约束，降低资金成本，进而促进企业创新投资。布兰科和维尔海姆（Blanco and Wehrheim，2017）通过研究股票期权市场与企业创新之间的关系发现，期权交易活动较多的公司研发投入更高，其原因是期权交易引起的信息效率的提高导致企业资源配置得到进一步改善。

关于从企业微观层面研究影响创新投资因素的文献较丰富，几乎覆盖了企业层面的各方面。学者们从公司治理、高管特征、高管激励、公司利益相关者等方面取得了丰富的研究成果。研究发现，企业独立董事对研发投资的影响作用有限，并没有起到监督作用（Yoo and Sung，2015；Balsmeier and Fleming，2016），但董事网络的形成能有效促进企业开展研发活动（严若森和华小丽，2017）。对企业 CEO 的研究则主要从其特质、经历等展开，有风险容忍特征的 CEO、过度自信 CEO、早年晋升越快的 CEO，越能促进企业创新投资（Sunder，Sunder and Zhang，2017；郝盼盼，

2017），而与对高管的股权激励相比，薪酬激励更能促进企业创新投资（朱琪和关希如，2019）。李丹蒙等（2017）研究了企业供应链关系网络对研发投入的影响，发现企业的供应商和客户的集中程度越高，企业进行资产专用性投资的意愿越弱，研发投入越少。另外，学者们对我国家族企业、民营企业等企业的创新投资决策影响因素进行专项研究，例如家族企业的二代涉入、民营企业家对官方媒体信任度等（严若森和吴梦茜，2020；杨赛楠等，2020）。

以上关于企业创新投资影响因素的研究，从宏观层面到微观层面，都未深入挖掘企业创新投资的核心因素。根据 q - 投资理论，企业的成长机会反映了未来收入增长的预期，在投资决策中起着至关重要的作用。融资优序理论则认为，企业内部现金流的多少决定了企业的投资意愿。因此，作为现代企业重要的投资活动——创新投资，成长机会和现金流是两大关键决定因素，我们对成长机会和现金流影响企业创新投资的研究进行详细梳理。

2. 成长机会、现金流与企业创新投资

1983 年，阿贝尔（Abel，1983）在托宾的研究基础上，首次提出 q - 投资理论模型，该模型检验了产出价格不确定性对一个风险中性的竞争企业在面临凸调整成本时的投资决策的影响，发现企业的投资决策只与企业的成长机会 q 有关。然而，实证研究却发现，即使将 q 作为解释变量考虑进去，现金流对投资的影响比 q 更显著。因此，后期的研究主要围绕 q 为何不能完全解释投资展开了大量的理论和实证研究。

（1）与融资约束有关。法扎里等（Fazzari et al.，1988）将现金流和 q 作为影响投资的因素同时纳入一个回归模型，通过实证分析发现投资—现金流敏感系数远远大于投资 - q 敏感系数，他们认为原因在于企业受到融资约束影响，且融资约束与投资之间的关系会随着企业类型不同而变化。阿尔梅达和坎佩罗（Almeida and Campello，2007）在投资回归模型中通过加入信用乘子（现金流与有形资产交乘项），来识别融资约束对公司投资的影响。通过实证分析发现，无融资约束公司的投资—现金流敏感系数小于投资—q 敏感系数，融资受限公司的结果正好相反，且投资—现金流敏感度会随着公司有形资产增加而增加，进一步验证了融资约束的影响。

（2）与融资约束无关，与 q 的测量误差有关。戈迈斯（Gomes，2001）用定量模型分析了投资与现金流和 q 之间的关系，并对其模型进行了实证

检验，发现无论外部融资成本是否存在，现金流对投资都有影响，该影响由 q 的测量误差引起而非融资约束引起。阿尔蒂（Alti，2003）构建了一个无融资摩擦模型并进行了实证分析，得到的结果与法扎里等（Fazzari et al.，1988）相似，表明高投资—现金流敏感系数与融资摩擦无关。实证结果还发现高增长率和低股利支付率的小公司面临的不确定增长前景放大了投资现金流敏感系数，不确定性被包含了部分投资机会信息的已实现现金流及时解决，因此 q 的测量在短期投资预测中是有误差的。阿贝尔（Abel，2018）用考虑了计量误差的随机模型分析了投资与 q 和现金流之间的关系，该模型中没有融资约束，但投资—现金流系数为正，说明投资现金流之间的关系与融资约束无关，与测量误差有关。

（3）与融资约束无关，与市场作用有关。库珀和埃哈尔克（Cooper and Ejarque，2001）构建了无融资摩擦的动态最优投资模型框架，发现投资—现金流敏感系数与卖方市场作用有关。库珀和埃哈尔克（Cooper and Ejarque，2003）进一步在该框架中加入融资摩擦，发现卖方市场作用仍然显著，说明市场作用大于融资约束作用。阿贝尔和埃伯利（Abel and Eberly，2011）在随机动态模型框架中得到关于托宾 q 的一个闭合解，模型中没有调整成本和融资约束，但投资与现金流和 q 值都是正向相关，由此提出关于投资 $-q$ 实证关系的新解释，即投资 $-q$ 的正向关系并非由调整成本引起，而是由于租金对市场作用的增加或对规模收益的减少导致的市场价值与重置成本之间的差距引起，而且现金流对投资正向也并非由融资约束引起。

综上所述，我们发现学者们关于 q 和现金流影响企业投资的研究主要聚焦于试图解开 $q-$ 投资理论之谜，但争议较大。上述研究主要从理论模型的构建出发，集中探讨了投资—现金流系数比投资 $-q$ 系数显著的原因是否在于企业受到融资约束的影响，并未从企业投资活动的特征出发展开更深层次的研究。而近期的研究打破了已有研究思路，发现随着企业投资活动内容从传统的有形投资占主导向加大无形的创新投资转变过程中，现金流—投资系数的显著性开始慢慢消失，$q-$ 投资理论开始变得有解释力度。

陈和陈（Chen and Chen，2012）的研究发现投资—现金流的系数在过去 40 年有逐年减少的趋势，在最近几年几乎消失。但通过对 2005～2009 年美国上市公司的研究发现，现金流—研发投资系数显著为负，而 $q-$ 研发投资系数显著为正。这一结果说明，在美国信贷恐慌期间，尽管内部现金流仍是企业重要的融资渠道，但企业的研发投资更多地受到成长机会的影响，现金越多的企业创新投资反而越少。

彼得斯和泰勒（Peters and Taylor，2017）认为，尽管传统的 q - 投资理论是基于实物资本投资提出的，但也能解释无形资本投资。随着企业无形资产投资在公司总投资的比例不断增加，应该将无形投资纳入传统的 q - 投资理论模型，因为与实物资产一样，无形资产的获得也需要成本且能给企业带来未来收益。他们将知识资本（R&D）和组织资本（SG&A）作为企业的无形资本投资，通过对美国 1975～2011 年上市公司的研究发现，在宏观层面，托宾 q 对企业无形投资的解释力度远远大于对有形投资的解释力度，在公司层面，q - 研发投资的系数远远大于 q - 现金流的系数，进一步说明与内部现金流相比，企业的成长机会对研发支出的影响更大。

安德雷等（Andrei et al.，2019）的研究也发现如果用近几年的数据检验 q - 投资理论，投资 - q 系数的表现非常好。他们用两个与企业研究活动相关的机制——创新和学习对这一现象进行了解释。尽管企业的研究活动能为其未来带来现金流，但创新的成功具有不确定性，因此公司创新带来的现金流波动性增加直接影响到托宾 q 值的波动性，使得投资 - q 的回归系数更显著。他们进一步通过实证研究发现研发投资支出更多的公司中 q 对投资的解释力度更高，这是因为研发密集型公司的 q 波动性较大。因此，随着高技术企业在经济中所占比重越来越大，q - 投资理论又开始"工作"了。

通过上述文献的梳理，我们发现企业创新投资活动的增加使得企业的成长机会对其投资有了更强的解释力。那么如果将创新投资活动从企业投资活动中剥离出来进行单独研究的话，成长机会是不是能够胜过现金流，对企业创新投资活动起到决定性影响作用？我们进一步对现金流和成长机会影响企业创新投资的研究进行回顾。

现金流与企业创新投资关系的研究主要关注创新投资资金来源问题。阿罗（Arrow，1962）最早提出道德风险问题阻碍了为创新等高风险活动进行的外部融资，迈尔斯和迈鲁夫（Myers and Majluf，1984）的融资优序理论认为在债券市场或股票市场中道德风险和逆向选择，尤其对高技术的创新投资而言，内部现金流是其最佳融资方式。

希默尔伯格和彼得森（Himmelberg and Petersen，1994）最早实证研究了创新投资与现金流的关系。他们通过对美国 179 家高科技行业的小公司进行研究，发现企业的研发投资与内部现金流之间经济意义和统计意义都非常显著，他们将这一结果解释为资本市场不完善，进而导致内部资金成为小型高科技企业研发投资的主要决定因素。布朗、法扎里和彼得森（Brown，Fazzari and Petersen，2009）发现从 1994 年到 2004 年，美国企业的 R&D 投资出现了急剧的繁荣和衰退，与此同时，这些企业的内部现金流从 1993 年的 890 亿美元增加到 2000 年的 2310 亿美元，然后在 2001 年急剧下降，通过对美国 1347 家公司的研究发现，现金流与企业 R&D 支出显著正相关，说明企业创新支出依赖于内部现金流。我国学者基于中国企业的研究也发现了类似的结论。蒲文燕和张洪辉（2016）基于货币需求理论，从企业微观层面检验了上市公司现金持有与创新投入之间的关系，发现现金持有越多的企业创新投资越多。但这些研究中均未考虑企业的成长机会对创新投资的影响。

沃格特（Vogt，1994）首次将现金流和投资机会同时纳入企业研发投资的研究中，通过对美国 359 家制造业企业的研究发现，现金流对企业的研发支出影响很大。考虑企业成长机会 q 后，发现现金流对研发投资的影响随着企业投资机会的增加而增加，说明成长机会越高的企业，越依赖企业内部融资。而成长机会较高的企业在进行研发投资时无法依赖外部资本市场进行融资，其原因在于信息成本使外部融资成本过高。因此，他们认为对这些公司来说，不派息的股利政策可以为研发提供所需的内部资金。但他们的研究中并未深入探究现金流与成长机会对企业创新投资的决定性。通过对韩国 298 家上市家族企业的研究，崔龙录等（Choi，Zahra，Yoshikawa and Han，2015）发现当企业存在成长机会时，拥有大量股权的家族股东有强烈意愿抓住企业的发展机会，以便保护他们对企业的绝对控制权。大股东对企业的创新投资决策的影响会随着企业成长机会的变化而变化，当家族所有者的控制目标因企业成长等经济目标的潜在损失而受到威胁时，他们的行为就像具有价值意识的所有者。实证研究结果表明，成长机会的回归系数显著为正，但是现金流的系数并不显著。进一步说明，与现金流相比，企业在进行创新投资决策时，更看重成长机会。基于中国企业的研究，张信东和于静（2018）通过对国家级创新型企业 2006～2013 年投资活动的研究，发现成长机会对无形资产投资的驱动作用接近甚至超过内部现金流的作用；相反，企业有形资产投资的第一主导要素为内部现金流。

通过对企业成长机会和创新投资相关文献的回顾，我们发现自 q - 投资理论提出以来，成长机会和现金流如何影响企业投资就一直是理论研究和实证研究关注的重点，但实证研究中成长机会对投资解释力不足的现象与理论研究结论并不一致，这也是学界一直争论的焦点。近年来随着企业研发活动的不断增加，学者们发现 q - 投资理论开始慢慢能够解释实证研究结果，主要原因在于创新投资在企业投资活动中所占比重的增加。那么，当单独聚焦企业创新投资时，成长机会和现金流的作用孰强孰弱？这一问题尚无明确结论。尽管已有少量研究做了类似的探讨，但从企业创新投资内在驱动要素的研究视角，直接探讨企业成长机会还是现金流对创新投资影响作用还属空白。

2.2.2　投资者情绪与创新投资

投资者情绪是来自投资者对资产价值的有偏期望（Zweig，1973），来自资本市场中噪声交易者的交易（Black，2006），因此投资者情绪对股票市场具有直接影响。公司行为金融相关理论表明，投资者情绪导致股票价格偏离其实际价值，进而会影响到企业的投资行为（包括创新投资）。

1. 投资者情绪对股票收益的影响

市场长期形成的交易经验告诉我们，当个人投资者（噪音交易者）看空股市时是买入股票的最佳时间，当他们看涨时是卖出的最佳时间。坎贝尔、格罗斯曼和王（Campbell，Grossman and Wang，1993）认为噪音交易者的交易会影响股票价格，是因为基本面风险阻止了"聪明钱"投资者押注噪音交易者的行为，而价格被拉回基本面价值的速度取决于价格和价值之间的距离，当价格低于基本面价值时，期望收益会较高，反之会较低。因此，来源于噪音交易者交易的投资者情绪必将对股票收益产生影响。

阿米胡德和门德尔森（Amihud and Mendelson，1986）首先通过买卖价差度量的投资者情绪研究了其对股票收益的影响，发现买卖价差较大的股票有更高的预期收益，扣除交易成本后的预期回报率随着持有期的增加而增加，因此，买卖价差越大的资产，其持有者的净回报率就越高。尼尔和惠特利（Neal and Wheatley，1998）通过对 1933 ~ 1993 年纽约证券交易所股票交易的相关数据进行分析，检验了个人投资者情绪对股票收益的影响，发现衡量投资者情绪的两个指标——封闭基金折价和共同基金赎回净额能够预测股票时间序列收益。基金折价与小公司的期望收益正相关，但与大公司的期望收益无关，这一结果与投资者情绪假设一致，即个人投资者主要持有小公司股票，而大公司的股票大多被机构投资者持有。共同基金赎回净额与小公司期望收益正相关，与大公司期望收益负相关。布朗和克里夫（Brown and Cliff, 2005）发现噪声投资者情绪与未来一到三年的股票收益之间的关系是负相关。贝克和伍尔格勒（Baker and Wurgler, 2006）认为，误定价是在有约束套利限制条件下对未知需求冲击的结果，当基于情绪的需求或套利限制因股票而异时，广泛的情绪波动会产生收益的横截面效应，那些可能对投机需求最敏感的股票，即那些具有高度主观估值的股票，也往往是套利风险最高、成本最高的股票。他们通过构造综合投资者情绪指数指标检验了投资者情绪对股票横截面收益的影响，发现当期初投资者情绪较低时，年轻股、小规模股、高波动股、不盈利股、不派息股和具有极端增长潜力股的后续收益相对较高，而当市场情绪高涨时，这类股票的后续回报率相对较低。

鉴于中国资本市场发展程度远不及美国市场，同时市场投资者以中小投资者为主，其交易存在严重的投机性，因此决定了中国股票市场的非理性行为更甚，投资者情绪对股市的影响更大。王一茸和刘善存（2011）通过对比中国股票市场处于牛市与熊市时投资者情绪与上证综指收益率的相互影响，发现投资者情绪对股票收益的影响牛市小于熊市，而且中国股市的投资者情绪对股票市场收益的影响程度大于美国股市。

我国学者通过对投资者情绪指标的不同衡量方法，研究了投资者情绪对股票收益的预测作用及其在横截面上对不同股票类型的收益影响。王美今和孙建军（2004）利用央视看盘的调查数据来测度投资者情绪，发现投资者情绪会显著影响股票收益，还能反向修正收益波动。当投资者乐观时，收益显著增加；当投资者悲观时，收益显著减少。他们还发现机构投资者可能是情绪的来源，个体投资者的跟风行为以及做从羊的倾向使其情绪非常容易受到机构投资者的影响，两类投资者情绪的叠加导致噪声在市场上的广泛传播与放大。蒋玉梅和王明照（2010）用主成分分析法得到的情绪复合指数对投资者情绪影响股票收益的总体效应和横截面效应进行了探讨，发现投资者情绪对短期收益影响为正，对长期收益影响为负；投资者情绪对股息率、有形资产率、价格、市净率、市盈率、波动率、户均持股比例等特征值低的股票和资产负债率高的股票影响作用更大，投资者情绪对该类股票的超额收益具有一定的解释作用和预测能力。王春（2014）以开放式股票型基金资金净流入作为投资者情绪的度量指标，发现投资者情绪与股票市场收益之间存在正向反馈作用；且在以股票市值为分类的组合中，发现大市值股票组合受投资者情绪影响的股票市场指数条件波动越大，股票组合收益越大；小市值股票组合受投资者情绪影响的股票市场指数条件波动越大，则股票组合收益反而越小。

学者们进一步对投资者情绪指标进一步分类进行了研究。陆江川和陈军（2012）通过对投资者情绪指标的分类和调整，发现投资者情绪对股票横截面收益的影响是非对称的，且市场对极端悲观情绪反应过度，但对极端乐观情绪反应不足。刘维奇和王宁（2013）通过构建市场层面和行业层面的投资者情绪指标，研究了二者对股票收益的共同作用，发现市场情绪对同期行业超额收益有显著正相关，而行业情绪对行业超额收益的影响显示出了特质性的差异水平，且行业情绪的预测能力要优于市场情绪。文凤华等（2014）利用主成分分析法构建了投资者情绪综合指标，并将投资者情绪分为积极情绪和消极情绪，探讨两种不同情绪特征对股票收益的影响，发现正面情绪和情绪的向上变动都对股票收益有显著的正向影响，而负面情绪和情绪向下变动对其影响并不明显，原因在于情绪低落时期理性成分对市场起主导作用。刘维奇和刘新新（2014）将投资者情绪分为个人投资者情绪和机构投资者情绪，对比研究了两种情绪对股票收益的影响，发现机构投资者情绪可以帮助预测个人投资者情绪，反之不成立；另外，机构投资者在市场上表现得更为理性，他们的情绪能够预测后市，而个人投资者情绪不具有预测性。

近年来，随着互联网的发展，学者们开始用基于互联网的投资者情绪代理指标研究对股票收益的影响。胡昌生和陶铸（2017）以东方财富股吧发帖量作为个体投资者情绪的代理变量，发现个体投资者情绪通过网络自媒体传播可以系统地影响股票收益，且存在显著的可预测性。投资者情绪越高，短期收益越高，且小市值、低市账比和机构持股比例低的股票预期收益对投资者情绪的影响更敏感。梅立兴等（2019）通过以移动互联网用户的讨论信息作为投资者情绪的代理指标，发现投资者情绪越乐观，股票的下期收益越高。

综上所述，国内外学者用不同的投资者情绪测量方法，主要从两个方面、三个维度研究了投资者情绪对股票收益的影响。两方面即从投资者情绪对时间序列收益的影响和横截面收益的影响方面进行研究；三维度是指投资者情绪维度的细分（个人投资者情绪和机构投资者情绪；正面情绪和负面情绪）、不同股票特征维度的细分以及股票收益影响时长维度的细分

（短期、中期、长期影响）。

2. 投资者情绪对公司投资的影响

资本市场上的投资者情绪会导致股票价格系统偏离其价值，进而影响到资本市场上市公司的投资行为（Polk and Sapienza，2009；Baker，Stein and Wurgler，2003）。

吉尔克里斯特等（Gilchrist et al.，2005）等通过对纽约证券交易所和纳斯达克交易所 1986～2000 的上市公司数据的研究发现，投资者情绪对公司投资有显著正向影响。奇林科和沙勒（Chirinko and Schaller，2001）发现在 1987～1989 日本股市泡沫期间伴随着公司的固定投资的增加，该期间的投资率比预测的要高出 20%，说明投资者情绪引发的股市泡沫对企业的投资活动有正向影响作用。其他学者（Panageas，2005；Polk and Sapienza，2004；Chirinko and Schaller，2006）也都发现企业的投资活动对投资者情绪非常敏感。

我国学者在中国资本市场的发现也证明投资者情绪对企业投资决策的影响作用。刘端和陈收（2006）在考虑管理者短视的情况下，发现投资者情绪对公司的长期投资、短期投资和总体投资都具有显著正影响。吴世农和汪强（2009）以 1998～2005 年所有 A 股上市公司为研究样本，研究发现投资者情绪与下一期企业投资显著正相关，这种关系普遍存在于制造业和非制造业企业，牛市（市场情绪高涨）时比熊市（市场情绪低落）时这种关系更明显。许骞和花贵如（2015）将现金流和投资者情绪共同纳入同一分析框架，发现高现金持有的企业在投资者情绪高涨时会进行更多的投资，而低现金持有的企业在投资者情绪低落时投资更少。任碧云和任毅（2017）通过对 2004～2013 年上市企业面板数据的研究发现投资者情绪与企业投资水平呈正相关关系，高涨的投资者情绪会促使企业投资增加，低落的投资者情绪会促使企业投资减少。大部分学者的研究都发现高涨的投资者情绪与企业投资活动显著正相关，但也有学者发现了负向关系，如刘红忠和张昉（2004）通过对 1998～2002 年间中国 356 家制造业上市公司的研究发现，公司的投资活动与市场投资者情绪呈显著负向关系。

关于投资者情绪如何影响企业投资，莫克、施莱弗和维什尼（Morck，Shleifer and Vishny，1990）识别出三种相关理论解释：第一种理论认为管理者在作出投资决策时会把股票市场作为其信息来源，这些信息可能正确反映未来的基本面，也可能不行；第二种说法是最常见的，即股票市场通过影响企业融资成本影响企业投资；第三种认为，除了信息和融资的作用外，市场对投资施加压力，因为管理者必须迎合投资者的意见，以保护他们的生计。布兰查德、李和萨莫斯（Blanchard，Rhee and Summers，1993）通过实证研究否认了管理者通过资本市场信息来做投资决策的观点。斯坦（Stein，1996）在非理性资本市场下，构建了一个管理者理性但投资者不理性的模型，分析了市场时机对企业投资决策的影响。研究发现，投资者乐观情绪会导致股价高涨，此时短视的管理者会为了迎合投资者情绪积极进行投资，但具备长远视野的管理者不会受到投资者情绪的影响。然而，当企业面临融资约束时，即便是不短视的管理者，其投资决策也会受到股价非理性变动的影响。关于投资者情绪如何影响企业投资行为目前主要有两种渠道解释，即股权融资渠道和管理者迎合渠道。

（1）股权融资渠道。凯恩斯（Keynes，1936）认为股票价格包含一个重要的非理性因素，因此外部股权的有效成本有时会与其他形式的资本成本有所不同，这影响了股票发行的模式，进而影响了公司投资。需要外部股权融资的公司拥有对股票价格的非基本面特别敏感的投资，如果一家依赖股权融资的公司为其边际投资提供资金，那么它将不太可能继续发行被低估的股票（Stein，1996）。股票市场非理性的投资者情绪引起的错误估价影响到企业外部融资成本，投资者情绪所带来的市场择时效应使得企业外部融资的成本相对低廉。对于高度依赖外部资金的企业来说，股权融资成本的降低将缓解企业融资状况，进而影响企业投资活动。这就是投资者情绪影响投资的股权融资渠道。

贝克、斯坦和伍尔格勒（Baker，Stein and Wurgler，2003）发现当投资者情绪高涨的时候一般会引起股价的上涨，而股票价格对"股权依赖型"公司的投资活动影响很大，融资约束越严重的公司，其投资活动对股价越敏感，这是因为当股票价格高于基本面时，股权依赖型公司的理性管理者会发现发行股票更有吸引力，管理者会择时在市场情绪高涨时发行股票以筹得更多资金。他们的研究也为股权融资渠道提供了实证支持，通过托宾 q 作为错误定价的代理变量，通过 KZ 指数衡量企业对外部股权依赖程度，他们发现处于 KZ 指数排名前 1/5 的公司，其投资对股价的敏感度几乎是倒数 1/5 的公司的 3 倍，说明股权依赖程度高的公司投资对非基本面驱动的股价变动更敏感。吉尔克里斯特、希格尔伯格和胡伯曼（Gilchrist，Himmelberg and Huberman，2005）等发现投资者信念分歧和卖空限制导致的股市泡沫往往被公司所利用，公司可以通过以虚高的价格发行新股，进而降低了资本成本，增加了实际投资，并通过实证研究得到了与理论一致的结论。常等（Chang et al.，2007）以澳大利亚证券交易所 1990～2003 年上市公司为研究对象，发现股票市场误定价与公司投资之间显著正相关，且这种影响作用通过股权融资渠道发挥作用。博尔顿等（Bolton，Chen and Wang，2013）发现，企业在有利的市场条件下，即使没有立即的资金需求，也会以最佳方式囤积现金和发行股票，公司的这种市场时机选择行为对企业投资行为有影响，其原因在于有利的融资条件是有期限的。

（2）管理者迎合渠道。贝克、格林伍德和伍尔格勒（Baker，Greenwood and Wargler，2009）指出，经理人会通过迎合投资者的估值水平来改变股票的市场价格和企业投资水平。波尔克和萨皮恩扎（Polk and Sapienza，2009）通过研究企业在融资不受限的情况下投资者情绪对企业投资活动的影响，发现即便公司新的投资项目不需要通过发行新股来融资，公司的投资决策也会被投资者情绪所影响。如果投资者是短视的，管理者会理性选择被高估的项目，避免被低估的项目，通过迎合投资者的情绪，实现股价最大化。这就是投资者情绪影响企业投资的管理者迎合渠道。迎合渠道认为企业在不存在融资约束的情况下，也会在投资者情绪高涨时做出投资决策，这种现象对信息不对称程度高的企业更明显。

中国学者基于我国资本市场探讨了股权融资渠道和管理者迎合渠道在中国的适用性。刘端和陈收（2006）基于中国股票市场，利用 1993～2003 年沪深 A 股数据，通过引入市场时机理论分析了股票的市场估价对上市公司投资行为的影响，发现股票价格对公司的长期投资行为具有显著的正影响，对股权依赖越大的公司，长期投资行为对其市场估价水平的敏感性越强，当投资者视野较短，即股票换手率越高时，公司的实际投资将更多的体现迎合机制。周振东等（2011）通过对 A 股市场 2004～2009 年的面板数据进行分析，证实了投资者情绪影响企业投资的股权融资渠道。张戈和王美今（2007）通过对 1998～2000 年、2001～2002 年、2003～2004 年三个区间的研究，发现中国股票市场中投资者情绪影响企业投资的迎合机制占主导作用。股权融资渠道在高流通市值的公司依然存在，但这种影响作用具有滞后性，原因在于中国上市审批制度的存在导致上市企业往往会错过最佳的发行窗口。吴世农和汪强（2009）通过对投资者情绪影响投资的迎合渠道理论的检验发现，公司管理层主要是通过长期（股权）投资而非固定资产投资来迎合投资者情绪。潘敏和朱迪星（2011）通过构建一个同时包含股权融资渠道和迎合渠道的经理人最优投资决策模型，分析了投资者情绪对企业投资行为的影响，并利用 1999～2008 年中国上市公司的数据进行了检验，结果表明投资者情绪会通过股权融资渠道和迎合渠道对投资产生影响，而且这种影响在市场的上行和下行周期呈现出非对称的特征。由于投资者存在自我归因、过度自信和处置效应等认知偏差，因此在市场上行周期投资决策对投资者情绪波动更敏感。任碧云和任毅（2017）的研究也发现中国资本市场中的股权融资渠道理论和迎合理论同时适用，但迎合渠道发挥的作用更大。

3. 投资者情绪对创新投资的影响

既然企业创新投资是企业投资活动重要组成部分，投资者情绪必定对其也有显著影响作用。相关学者的研究表明投资者情绪能显著提升企业的研发支出。波尔克和萨皮恩扎（Polk and Sapienza，2009）的研究表明，由于更高的信息不对称存在，投资者情绪对企业投资活动影响的正向作用在研发密集型企业更显著。董等（Dong, Hirshleifer and Teoh，2007）用美国 1977～2005 年上市公司数据研究发现，对于那些股价被高估的公司来说，研发支出会随着股票误定价而增加。中国学者对中国上市公司的研究也得出类似的结论（肖虹和曲晓辉，2012；翟淑萍、黄宏斌和毕晓方，2017；翟淑萍、黄宏斌和何琼枝，2017；徐小阳、陈业昕和韦庆云，2018）。

关于投资者情绪影响创新投资的作用机制有三种不同的结论。（1）股权融资渠道。肖虹和曲晓辉（2012）通过对中国转轨制度背景下投资者情绪影响企业研发投资的机制研究，发现投资者情绪影响 R&D 投资的传导机理与股权融资渠道密切相关，不存在公司管理者为迎合投资者进行 R&D 投资的行为，这是因为创新投资活动具有的高度不确定性、风险性、长期性和风险收益滞后性等特点，使得管理者迎合短视投资者需求以达到维持或推动股价的目的很难达到。（2）管理者迎合渠道。翟淑萍、黄宏斌和何琼枝（2017）的研究发现，在高管高持股的企业和非国有性质的企业，管理层会为了迎合投资者情绪进行研发投资。他们认为研发投资带来的信息不对称更便于成为管理层迎合投资者情绪而进行自利行为的掩护。在投资者情绪高涨期，严重的信息不对称更容易使投资者相信企业研发行为能够为企业带来更高的未来价值。另外，研发投资作为企业创新与发展的积极信号，极易成为媒体关注的对象，成为市场追捧和炒作的热点，在投资者情绪高涨期，企业研发投资更容易成为媒体和投资者关注的焦点，此时管理者迎合投资者意愿加强企业研发投资会带来更大的企业市值提升和管理者自我利益的实现。(3)管理者过度自信中介渠道。唐玮、崔也光和罗孟旋(2017)通过放松"市场有效性假说"与"完全理性人假说",将投资者与管理者的非理性行为纳入同一研究框架内,利用我国2007～2014年A股上市公司数据,检验了企业创新投入影响的存在性及影响渠道,发现投资者情绪对公司创新投入存在显著正向影响,管理者过度自信是投资者情绪影响创新投入的不完全中介渠道。

通过以上文献的梳理,我们发现关于投资者情绪影响企业投资的研究已较丰富,基于投资者非理性假设,我国学者探讨了投资者情绪影响企业投资活动在中国市场的存在性和作用机制,在此基础上学者们将视角延伸到与创新相关的研发投资进行研究,发现了与投资活动较一致的结论,对投资者情绪能显著促进企业创新投资已达成共识,但其影响机制还有待进一步探讨。而投资者情绪如何影响企业创新投资,关键看决定企业创新投资的内在驱动因素,外因是通过内因起作用的,不能脱离内部因素的影响泛泛而谈外因投资者情绪对创新投资的作用。另外,已有研究主要聚焦于同一资本市场,忽略了不同资本市场投资者情绪存在的显著差异对创新投资活动的不同作用。

2.2.3 文献述评

通过对已有文献的回顾,作为企业投资活动的一部分,企业创新投资的研究主要循着投资活动的研究轨迹发展,且相关研究结论与企业投资活动有一定关联性。但鉴于创新投资活动本身具有的不确定性、长期性、不可抵押性等特点,使得企业创新投资的内外部因素有其独有的特征和作用机制。

已有研究从宏观层面的经济政策、产业政策、税收政策等,到资本市场层面的流动性、机构持股、卖空机制等,再到微观层面的公司治理、高管特征、利益相关者等对影响企业创新投资的因素进行了全面研究,并基于企业的不同特征进行了全方位分析。然而,已有研究很少将创新投资视为投资活动的一种,在经典投资理论框架下进行探讨。正如前面文献梳理中提到,学者们对创新投资的界定主要局限于研发支出,而正因为研发支出在传统意义上讲还不能构成企业资产投资的一部分,所以用投资理论去理解和阐释企业创新投资的研究很少。事实上,要研究企业创新投资,就

离不开经典的 q-投资理论，它是企业投资活动的理论根基，必然成为研究企业创新投资的理论基础。q-投资理论认为企业的成长机会反映了未来收入增长的预期，在投资决策中起着至关重要的作用，融资优序理论却认为企业缺乏现金流的情况会减少投资，这就成为学者们长期以来争论的焦点，谁是影响企业投资的决定要素？近期的相关研究也表明随着企业创新活动的增加，q 对企业投资的解释力度不断加强，那么如果将创新投资活动从企业投资活动中剥离出来进行单独研究的话，成长机会是不是企业创新投资活动的决定性内在驱动要素，目前尚无文献进行探讨。

　　如果企业在进行创新投资决策时，更重视企业的成长机会，那么对于有良好成长机会但受到融资约束的企业该如何决策？股权市场的融资功能为企业创新项目提供了融资渠道。而企业在资本市场通过发行股票进行融资具有市场择机效应，即会受到投资者情绪的影响。关于投资者情绪的研究主要基于行为金融理论展开，与企业投资直接相关的是投资者情绪对股票收益的影响。由于投资者情绪没有直接的衡量指标，学者们基于不同的测量方法，研究了不同投资者情绪维度对股票收益的长短期影响，发现投资者情绪对股票收益的促进和抑制作用因所选投资者情绪测量方法、企业特征、影响期限等因素的差异而有所不同。而且，由于我国资本市场的发展水平与美国发达市场相比存在较大差异，因此股市的投资者情绪对股票市场收益的影响程度也大于美国股市。

　　既然投资者情绪对企业股价有影响，行为公司金融中投资者非理性框架和管理者非理性框架就成为投资者情绪影响企业投资的理论基础。学者们在该理论框架基础上对投资者情绪如何影响企业投资活动进行了丰富的研究，基于中国上市公司数据，研究发现投资者情绪高涨时期企业的投资活动增加，主要的影响机制是股权融资渠道和管理者迎合渠道。进一步，当学者们将视角聚焦企业创新投资时也发现了类似的结论，但关于影响机制的探讨尚存在空间。纵观投资者情绪影响企业创新的相关文献我们发现，我国学者主要沿袭了国外学者对发达股权市场的研究思路，直接探讨投资者情绪与创新投资的关系及其作用机制，并未基于企业创新投资的投资活动本质在 q-投资理论框架下进行挖掘。事实上，投资者情绪是影响企业创新投资的外因，而外因必须通过影响内因起作用，脱离影响企业创新投资的内部驱动因素谈投资者情绪对企业创新投资的影响，可能无法从本质上明晰投资情绪对创新投资的作用机理。另外，已有研究主要聚焦于

我国 A 股资本市场，但是和美国发达资本市场相比，我国多层次资本市场
为不同发展阶段、不同特征的企业提供了差异化创新融资的平台，由于成
立时间、上市规则、交易机制、投资者适当性要求等不同引起的各层次资
本市场中投资者情绪有显著差异，基于不同市场的研究更有助于在现阶段
创新发展战略和资本市场服务企业创新改革中得到更全面的研究结论并提
出更具针对性的政策建议。这也是已有研究尚未涉及的领域。

2.3　本章小结

本章首先对 q-投资理论、融资优序理论、金融发展理论以及基于行
为金融的企业投资理论等与本书相关的理论进行了梳理，其次对企业成长
机会与创新投资和投资者情绪于创新投资的相关文献进行了总结和评述。

首先，q-投资理论认为企业成长机会是决定企业投资的唯一影响因
素，而融资优序理论的观点是缺乏现金流的企业会放弃投资，因此，成长
机会和现金流是企业投资决策两大内在驱动要素，作为投资活动的一部
分，创新投资驱动要素的研究也离不开这两大理论的支持。其次，如果驱
动企业创新投资的关键要素是成长机会，那么股权市场作为主要的融资渠
道对创新投资活动有重要影响作用。金融发展理论认为，一国的金融发展
能促进其经济的发展，而股权市场的发展更能为创新投资提供资金。相对
于以银行为基础的金融系统，股权市场是创新融资的重要资金来源，股权
市场越发达越有利于企业创新。最后，基于行为金融的企业投资理论是研
究投资者情绪影响企业创新投资决策的理论基石，基于非理性投资者和非
理性管理者的理论框架为投资者情绪如何影响企业创新投资以及影响作用
机制提供了理论基础。

通过对企业创新投资相关文献回顾后发现，研究影响企业创新投资的
因素一直是公司金融相关领域的热门话题。然而已有研究无论从国家宏观
层面、市场中观层面还是企业微观层面，都未触及影响企业创新投资的决
定要素。而从对 q-投资理论和融资优序理论的分析中，可以发现企业的
成长机会和现金流才是驱动企业创新投资的两大要素。尽管已有文献对这
两大因素如何影响企业创新投资进行了大量研究，但仅关注到成长机会或
现金流的单一影响，少数将两者纳入同一框架中进行分析的文献中也并未
探究两者在影响创新投资中谁处于主导位置，更缺乏对基于该影响要素的

作用机制研究。有鉴于此，本书将首次通过系统研究探索影响企业创新投资的驱动因素，并通过分析影响企业现金流和成长机会的外部因素，挖掘资本市场影响企业创新投资主导要素的作用机制，从而为我国创新驱动发展战略和金融市场改革提出可供参考的有效对策。

第3章

成长机会驱动企业创新投资研究

本章首先对企业投资活动相关的三个模型，即现金流—投资模型、q-投资模型和考虑创新的 q-投资模型进行了分析，奠定了成长机会（q）和现金流作为关键解释变量的基础。然后将 q 和现金流纳入同一模型，对影响企业创新投资的内在因素进行实证检验，验证了成长机会是影响企业创新投资的驱动要素。另外，作为对比研究，本章对有形资产投资的驱动要素进行了检验，发现与已有研究结论一致，即现金流是企业有形投资的内在影响因素。[①]

3.1 理论模型分析

3.1.1 现金流—投资模型

早期的投资理论强调投资决策中的资金问题。由于信息不对称和逆向选择的存在，管理者在企业内部现金不充足的情况下，可能会放弃好的投资机会（Myers and Majluf，1984）。内部现金流与举债和发行新股相比，具有成本优势，因此企业内部现金流是影响企业投资的重要因素（Fazzari，Hubbard and Petersen，1988）。莫因（Moyen，2004）构建的关于无融资约束的模型是现金流影响企业投资的重要理论基础。模型描述了不受融资约束的企业在无限时域离散时间动态随机框架下的投融资决策。

假设公司通过选择其股息、投资和债务政策，在公平定价任何债务发

---

① 本部分主要成果发表于 "*Emerging Markets Finance and Trade*" 2020 年第 56 卷。

行的前提下，使股本价值最大化。所有索赔人，包括股权和债务，都是风险中性的。无融资约束的股权价值 V^u 为：

$$V^u = \max\left\{0, \ D_t^u + \frac{1}{1+r}E_t\left[V_{t+1}^u\right]\right\} \tag{3.1}$$

其中，上标 u 表示无约束公司，r 是折现率，E_t 是 t 时期的条件期望。为了简单起见，假设股息和资本收益是免税的。式（3.1）表明股权价值是预期的未计股利流 D_t^u 的总和。

公司的资金来源和使用等式为：

$$D_t^u = (1-\tau_f)f(K_t;\ \theta_t) + \tau_f\delta K_t - I_t + \Delta B_{t+1} - (1-\tau_f)l_tB_t \tag{3.2}$$

其中，τ_f 是公司的税率，K_t 是股本，θ_t 是公司的收入，$(1-\tau_f)f(K_t;\ \theta_t)$ 是公司折旧前税后利润，δ 是折旧率，$\tau_f\delta K_t$ 是折旧的税盾，I_t 是投资，ΔB_{t+1} 是新债发行，l_t 是利息率，B_t 是债务水平，$(1-\tau_f)l_tB_t$ 是税后利息支出。

公司折旧前的利润等于收入减费用：

$$f(K_t;\ \theta_t) = \theta_t K_t^u - F \tag{3.3}$$

当 $1 < \alpha < 0$ 时，收入表现出规模收益递减。模型中为避免对劳动力的决策，将劳动力（及其他）支出用固定成本 F 表示。

本期折旧后的股本和投资构成下一期的股本：

$$K_{t+1} = (1-\delta)K_t + I_t \tag{3.4}$$

新债发行是本期债务水平与期初债务水平之差：

$$\Delta B_{t+1} = B_{t+1} - B_t \tag{3.5}$$

债务的公平定价为：

$$\frac{1}{1+r}E_t\big[\left(1+(1-\tau_t)l_{t+1}\right)B_{t+1}1_{(V_{t+1}^u>0)}$$
$$+ R(K_{t+1};\ \theta_{t+1} - XB_{t+1})(1-1_{(V_{t+1}^u>0)})\big] = B_{t+1} \tag{3.6}$$

其中，方程 $1_{(V>0)}$ 指示不违约。

$$1_{(V>0)} = \begin{cases} 1, & \text{if } V > 0 \\ 0, & otherwise \end{cases} \tag{3.7}$$

公司通过选择支付股利的多少、投资的多少、发行债务的多少，来最大化方程（3.1）中的股权价值。公司通过观察期初收入冲击 θ_t、上期资本存量 K_t、债务水平 B_t 和利率 l_t 做出这些决策。因此，描述企业跨期问题的 Bellman 方程为：

$$V^u(K_t,\ B_t,\ l_t,\ \theta_t) = \max_{\{D_t^u,I_t,\Delta B_{t+1},l_{t+1}\}} \max\left\{0,\ D_t^u + \frac{1}{1+r}E_t[V^u(K_{t+1},\ B_{t+1},\ l_{t+1},\ \theta_{t+1})]\right\}$$

$$\tag{3.8}$$

约束条件为式（3.2）至式（3.6）。

对于不受融资约束的企业，其现金流 CF_{it} 可以表示为：

$$CF_{it}^c = (1 - \tau_f)(f(K_{it}; \theta_{it}) - l_{it}B_{it}) + \tau_f \delta K_{it} \tag{3.9}$$

把式（3.9）代入式（3.2）我们可以得到：

$$I_{it} = CF_{it}^c - D_{it}^u \tag{3.10}$$

从式（3.10）我们可以看到，现金流是投资的重要影响因素。

3.1.2　q - 投资模型

阿贝尔（Abel，1983）提出的 q - 投资模型是研究成长机会影响企业投资的基石，也是本书理论模型构建的基础。下面介绍该模型的构建过程。

假设一家竞争性企业按照柯布—道格拉斯（Cobb - Douglas）生产函数使用劳动力 L_t 和资本 K_t 进行生产。公司以固定的工资率 ω 雇用劳动力，在进行投资 I_t 时会发生递增的凸性调整成本 $c(I_t)$，假设调整成本函数具有恒定的弹性系数 $\beta > 1$。因此，公司在 t 时刻的现金流为：

$$p_t L_t^\alpha K_t^{1-\alpha} - \omega L_t - \gamma I_t^\beta \tag{3.11}$$

假设企业是风险中性的，使现金流的预期收益最大化的资本积累方程为：

$$dK_t = (I_t - \delta K_t) dt \tag{3.12}$$

从方程（3.12）可以看出，企业的净投资等于总投资减去折旧，其中 δ 为固定折旧率。

描述产出价格行为的方程为：

$$dp_t / p_t = \sigma dz \tag{3.13}$$

其中，dz 为均值为 0，方差为 1 的维纳过程，$E_t(p_s) = p_t$，$s \geq t$，p_s 的方差条件依赖于 p_t，为 $(s-t)\sigma^2$。

公司的价值是未来现金流的预期现值最大化，假设折现率 r 是固定的，则公司价值为：

$$V(K_t, p_t) = \max_{I_s, L_s} E_t \int_t^\infty \left[p_s L_s^\alpha K_s^{1-\alpha} - \omega L_s - \gamma I_s^\beta \right] exp(-r(s-t)) ds$$

$$\tag{3.14}$$

约束条件为（3.12）和式（3.13）。

价值函数（3.14）必须服从以下最优条件：

$$rV(K_t, \ p_t)dt = \max_{I_t, L_t} \left[p_t L_t^\alpha K_t^{1-\alpha} - \omega L_t - \gamma I_t^\beta \right] dt + E_t(dV) \qquad (3.15)$$

式（3.15）具有直观的经济解释：如果公司的所有者要求的平均收益率为 r，那么式（3.15）的左侧就是公司所有者在时间区间 dt 内要求的总平均收益率。式（3.15）的右侧是公司所有者预期的总收益，它包括现金流加上预期的资本损益 $E_t(dV)$。最优条件要求预期收益等于要求的平均收益。

企业的价值 V 是两个状态变量 K_t 和 p_t 的函数，应用伊藤定理可以得到：

$$dV = V_K dK + V_p dp + (1/2) V_{KK} (dK)^2 + (1/2) V_{pp} (dp)^2 + V_{pK} (dp)(dK)$$
$$(3.16)$$

将式（3.12）和式（3.13）代入式（3.16），因为 $E_t(dz) = (dt)^2 = (dt)(dz) = 0$，因此可以得到企业价值在时间区间 dt 内的预期变化为：

$$E_t(dV) = \left[(I_t - \delta K_t) V_K + (1/2) p_t^2 \sigma^2 V_{pp} \right] dt \qquad (3.17)$$

将式（3.17）代入式（3.15）得到：

$$rV(K_t, \ p_t) = \max_{I_t, L_t} \left\{ p_t L_t^\alpha K_t^{1-\alpha} - \omega L_t - \gamma I_t^\beta + (I_t - \delta K_t) V_K + (1/2) p_t^2 \sigma^2 V_{pp} \right\}$$
$$(3.18)$$

容易得到：

$$\max_{L_t} \left[p_t L_t^\alpha K_t^{1-\alpha} - \omega L_t \right] = h p_t^{1/(1-\alpha)} K_t \qquad (3.19)$$

其中：$h = (1-\alpha)(\alpha/\omega)^{\alpha/(1-\alpha)}$，$h p_t^{1/(1-\alpha)}$ 是资本的边际收益。

对式（3.18）的右侧相对于 I_t 进行微分，可以得到：

$$\gamma \beta I_t^{\beta-1} = V_K \qquad (3.20)$$

从式（3.20）可以看出，最佳投资率是这样的：投资的边际成本等于资本 V_K 的边际价值。

将式（3.19）和式（3.20）代入式（3.18），得到：

$$rV(K_t, \ p_t) = h p_t^{1/(1-\alpha)} K_t + (\beta-1) \gamma I_t^\beta - \delta K_t V_K + (1/2) p_t^2 \sigma^2 V_{pp} \quad (3.21)$$

式（3.20）和式（3.21）一起可以表示为一个非线性二阶偏微分方程。因此，可得式（3.22）满足式（3.20）和式（3.21）。

$$V(K_t, \ p_t) = q_t K_t + \frac{(\beta-1) \gamma (q_t/\beta\gamma)^{\beta/(\beta-1)}}{r - \dfrac{\beta(1-\alpha+\alpha\beta)\sigma^2}{2(1-\alpha)^2(\beta-1)^2}} \qquad (3.22)$$

其中，

$$q_t = \frac{h p_t^{1/(1-\alpha)}}{r + \delta - \dfrac{\alpha\sigma^2}{2(1-\alpha)^2}} \qquad (3.23)$$

因此得：

$$I_t = (q_t/\beta\gamma)^{1/(\beta-1)} \tag{3.24}$$

式（3.24）就是著名的 q - 投资模型。从模型可以看出，最优投资率是关于 q_t 的增函数，并且只取决于 q_t。

3.1.3　考虑创新的 q - 投资模型

在对 q - 投资理论的长期实证研究中，学者们发现投资对 q 的回归系数通常很小，安德雷、曼恩和莫因（Andrei，Mann and Moyen，2019）提出了考虑创新的 q - 投资模型，在一定程度上解释了实证与理论的差异。他们发现已有研究聚焦于企业的有形投资，当在模型中考虑了创新因素后，q 的解释力度加强。因此，该模型是本书研究的直接理论支撑。

1. 基础设置

假设考虑一个竞争性企业，在时间 t 拥有资本 K_t，该企业的资本积累符合以下条件：

$$dK_t = (I_t - \delta K_t)\, dt \tag{3.25}$$

其中，I_t 代表企业的投资决策。

假设资本存量的调整成本在 I_t 和 K_t 中是线性同质的：

$$\psi(I_t,\ K_t,\ v_t) = \frac{a}{2}\left(\frac{I_t}{K_t}\right)^2 K_t + v_t I_t \tag{3.26}$$

其中，a 是正的常数，以保证调整成本函数严格为凸，v_t 为资本购买价格的冲击，服从均值为 0 的随机过程：

$$dv_t = -\kappa v_t dt + \sigma_v dW_t^v \tag{3.27}$$

其中，W_t^v 是一个标准的布朗运动，v_t 是噪音。

公司按照规模收益不变的技术生产现金流：

$$\prod(K_t,\ \theta_t) = \theta_t K_t \tag{3.28}$$

2. 考虑创新

考虑企业将资金用于创新研究以增加未来利润，但这些投资往往都是有风险的。企业的研发可能产生一个突破性创新，或者失败。在这种情况下，现金流是一个跳跃增强的随机过程。

假设创新是随机的，企业一旦创新，其单位资本的现金流就会跳升一

个正的数量 J，现金流的均值回归过程为：

$$d\theta_t = \lambda(\bar{\mu} - \theta_t)dt + \sigma_\theta dW_t^\theta + JdN_t \tag{3.29}$$

其中，平均利润 $\bar{\mu}$ 是一个已知的常数项，布朗运动 W_t^θ 与 W_t^v 是相互独立的，创新跳 J 的随机到达受泊松过程控制，其频率为：

$$h(\Phi) = \iota_1(1 - e^{-\iota_2}\Phi) \tag{3.30}$$

其中，研发成本为 Φ，假设研发成本的增加会增加企业创新成功的概率。式（3.30）意味着成功率是递增的，成本是凹的，参数 ι_1、ι_1 假设为正。当 Φ 为 0 时，成功的概率为 0，成功率 ι_1 在 $\Phi \to \infty$ 中达到最大。

为简化模型，假设企业只进行一次研发投资，而非动态投入。这可以理解为企业一直有个一个固定的研发投资水平。

由于现金流过程 θ_t 是持久的，创新跳 J 将结转到未来的现金流中。因此，模型中，研究支出对未来现金流的影响有两个方面：增加了现金流的无条件预期和风险性。在存在跳跃的情况下，θ_t 的无条件均值和无条件方差为：

$$E[\theta_t] = \mu + \frac{h(\Phi)J}{\lambda} Var[\theta_t] = \frac{\sigma_\theta^2 + h(\Phi)J^2}{2\lambda} \tag{3.31}$$

研究支出增加的预期未来现金流与创新跳 J 的规模和创新成功率 $h(\Phi)$ 成比例。如果现金流过程式（3.29）更持久，即如果 λ 较低，创新将在未来进行更长时间，进一步增加预期现金流。此外，创新还通过跳跃 J 增加方差，进而使成功率 $h(\Phi)$ 更高，现金流更持久（较低的 λ）。

公司的目标是最大化未来现金流的预期折现总和与投资成本的差额，即：

$$V(K_t, \theta_t, v_t) \max_I E_t \int_t^\infty [\theta_s K_s - L_s - \psi(I_s, K_s, v_s)]exp(-r(s-t)ds$$

$$\tag{3.32}$$

约束条件为式（3.25）、式（3.26），其中 r 为折现率。

企业在时间 t 的信息集包含了资本存量 K_t，现金流 θ_t，以及资本购买价格的冲击 v_t。

与问题相关的 Hamilton – Jacobi – Bellman（HJB）方程为：

$$rV = \max\{\theta K - I - \psi(I, K, v) + DV(K, \theta, v)\} \tag{3.33}$$

其中，D 是微分算子。这就引出了投资的一阶条件：

$$0 = V_K(K, \theta, v) - 1 - \psi_I(I, K, v) \tag{3.34}$$

与林文夫（Hayashi，1982）一样，在该模型中资本的影子成本，边际 q 等于平均 q，因此：

$$V_K(K, \ \theta, \ \upsilon) = q(\theta, \ \upsilon)K \quad\quad\quad (3.35)$$

替换调整成本方程（3.26）得到下面关于投资率和 q 的关系：

$$\frac{I_t}{K_t} = -\frac{1}{a} + \frac{1}{a}q(\theta, \ \upsilon) - \frac{1}{a}v_t \quad\quad (3.36)$$

方程（3.36）即是考虑创新的 q – 投资模型。

安德雷、曼恩和莫因（Andrei，Mann and Moyen，2019）认为投资 – q 关系拟合度的提高与总体经济中研发和其他无形资产支出的大幅增长有关，托宾的 q 值可能是研发行业投资机会的一个特别有效的指标。

3.2　成长机会影响企业创新投资的实证检验

3.2.1　研究假设

第2章的理论分析表明，成长机会（q）和现金流是影响企业投资的两个关键内部要素。成长机会反映了投资者对企业未来收入增长的预期，在投资决策中起着至关重要的作用，而现金流的重要性体现在它是投资所需的直接资金来源。大量实证研究发现，投资对 q 和现金流进行回归后，现金流系数显著为正，而 q 的系数非常小（Fazzari，Hubbard and Petersen，1988；Gomes，2001；Abel and Eberly，2011）。法扎里、胡巴德和彼得森（Fazzari，Hubbard and Petersen，1988）认为投资—现金流的系数越显著，说明企业融资约束越严重，在进行投资决策时只能依靠内部现金流。已有研究似乎支持现金流是主导因素，而对于 q 系数很小甚至不显著的原因，学者们也进行了大量讨论，但该问题一直未得到解答（Abel，2018；Alti，2003；Cooper and Ejargue，2003）。原因之一可能是早期的研究只关注到企业的有形资产投资，并未考虑到企业创新方面的无形投资。

近年来，学者们发现投资—现金流敏感度一直在下降甚至消失（Chen and Chen，2012），彼得斯和泰勒（Peters and Taylor，2017）认为这种随着时间的推移而发生的变化是由于企业无形资产投资的增加，他们发现托宾 q 对无形资产投资的解释力度强于有形资产，q – 研发投资的系数远远大于 q – 现金流的系数，q 值可能成为创新企业衡量投资机会的一个重要指标。

正如凯恩斯（Keynes，1936）所指出的，随着资本价值相对于融资成本的增加，资本投资会变得更有吸引力，资本的市场价值将成为资本投资决策的重要因素。因此，用公司市值与账面总资产价值的比值衡量的托宾 q 是投资决策的关键因素。公司市场价值的增加与公司的创新投资密切相关，因为创新投资可以使公司在创新产生和行使时产生更高的质量型销售，从而提高预期收入（Kumar and Li，2016）。鉴于投资—现金流敏感性变弱，托宾 q 对公司创新投资的影响变得越来越重要。

在我国目前新兴加转轨的制度背景下，企业的产权性质对其投资行为具有至关重要的影响。大量学者基于不同股权结构对中国企业的投资决策进行了研究（Chen，Sun，Tang and Wu，2011；He and Kyaw，2018；Ding，Knight and Zhang，2019；Shen，Firth and Poon，2016）。国有企业和民营企业因为外部融资成本、管理者风格和政治关系等方面的差异决定了不同产权性质企业的投资决策差异很大。

首先，与民营企业相比，国有企业更容易获得债务融资，这是因为国有银行与国有企业的所有权结构一致。国有银行可能会忽视非营利性目的，而出于政策性目的向国有企业提供资金支持（Faccio，2006）。

其次，大量研究表明，首席执行官（CEO）的管理风格对公司决策有显著影响（Bamber，Jiang and Wang，2010；Bertrand and Schoar，2003；Graham，Li and Qiu，2012）。不同特质的 CEO 对企业投资决策的影响不同，国有企业的管理者可能会更致力于追求自己的政治前程而非企业财富最大化（He and Kyaw，2018）。因此，管理者在不同类型的公司会强调投资决策的不同方面。

最后，国有企业仍具有较为浓重的行政化色彩，其经营目标往往更具多元化，除了业绩要求之外，会承担更多的社会责任。因此，增加就业、社会保障等其他方面的考虑也会成为影响国有企业投资决策的重要因素（李丹蒙、王俊秋和张裕恒，2017），而民营上市公司的目标通常比较单一，更加强调业绩指标和成长性，因此其投资决策通常基于企业未来的业绩和成长性，并且投资效率较高（Ding，Knight and Zhang，2019）。

综上所述，作为投资的重要组成部分，创新投资决策无疑受到股权结构的影响。一方面，因创新的不确定性和长期性等特征使得为创新活动融资更困难（Campos，Langer and Krowitz，1970；McLean and Zhao，2014），尤其对民营企业来讲，而国有企业与银行的天然联系使得其现金流更为充裕。另一方面，国有企业的高管由政府任命，由于任期有限、业绩评价特殊等原因，他们可能不愿意开发高风险的创新项目。相反，民营企业的高管一般是公司创始人或主要股东，他们更愿意为企业长期发展进行创新投资。因此，国有企业在进行创新投资时比民企更被动，会更关注是否有充足现金流，而民营企业的创新投资决策更趋主动，更注重将来的成长机会。

基于上述分析，我们提出如下假设：

假设 3.1：创新投资对成长机会（q）比现金流更敏感。

假设 3.2：与国有企业相比，民营企业的创新投资决策更注重成长机会要素。

3.2.2 研究设计

1. 研究样本和模型设定

为加快培育创新型企业，强化企业技术创新主体地位，科技部、国资委和全国总工会在 2006～2012 年期间动态认证了一批国家级创新型企业。该认定旨在促进企业科技创新主体的建设，增强企业的科技创新能力和自主创新能力。这些企业在技术创新、品牌创新、体制机制创新、经营管理创新、理念和文化创新等方面成效突出。国家级创新型企业需要具备以下五个方面的基本条件：

一是具有自主知识产权的核心技术。掌握企业发展的核心技术并具有自主知识产权，整体技术水平在同行业居于领先地位。积极主导或参与国际、国家或行业技术标准的制定工作。

二是具有持续创新能力。在同类企业中，研发投入占年销售收入比例较高，有健全的研发机构或与国内外大学、科研机构建立了长期稳定的合作关系。在领先的技术领域具有较强的发展潜力。重视科技人员和高技能人才的培养、吸引和使用。

三是具有行业带动性和自主品牌。在行业发展中具有较强的带动性或带动潜力。注重自主品牌的管理和创新，通过竞争发展，形成了企业独特的品牌，并在市场中享有相当知名度。

四是具有较强的盈利能力和较高的管理水平。企业近三年连续盈利，整体财务状况良好，销售收入和利润总额呈稳定上升势头。建立了比较完善的知识产权管理体系和质量保证体系。

五是具有创新发展战略和文化。重视企业经营发展战略创新，努力营造并形成企业的创新文化，把技术创新和自主品牌创新作为经营发展战略的重要内容。

选取国家级创新型公司来检验企业的创新投资主导因素更具有代表，研究结论也更具有指导意义。因此，本章以在我国上交所和深交所上市的335 家国家级创新型企业为研究样本，研究期间选取 2006 ~ 2016 年。[①]

样本中的主要数据来源于 WIND 和 CSMAR 数据库，为保证数据的完整性，部分缺失的研发支出数据来自上市公司年报。参考麦克里恩和赵（McLean and Zhao，2014），我们剔除了账面净值不为正的公司，为减少极端值的影响，我们对变量进行 1% 的缩尾处理。最后得到 202 家国有企业（SOE）、133 家民营企业（POE），共 2331 个观察值。

法扎里、胡巴德和彼得森（Fazzari，Hubbard and Petersen，1988）首次在实证研究中将 q 和现金流作为企业投资的两个影响因素纳入一个回归模型进行研究，此后，现金流和 q 作为投资的两个主要回归因子在实证研究中被广泛使用。本章的回归模型主要基于麦克里恩和赵（McLean and Zhao，2014），即：

$$\frac{I_{i,t}}{A_{i,t-1}} = \beta_1 q_{i,t-1} + \beta_2 \frac{CF_{i,t}}{A_{i,t-1}} + \varepsilon_{i,t} \tag{3.37}$$

其中，I 代表投资总额，A 代表总资产，q 代表托宾 q 值，作为成长机会的代理（Tobin，1969；Hayashi and Inoue，1991），CF 代表内部现金流。

在式（3.37）中，滞后一期的 q 会影响当期的投资，而当期的投资不能影响滞后一期的 q。同时，在测算 q_{t-1} 时，现金流（t）是未知的，所以 q_{t-1} 不能确切地反映企业在第 t 年是否会受到财务约束。并且，在实证回归中，我们控制了个体时间固定效应，因此，该模型存在内生性问题的可能性很小。另外，大量研究 q 和现金流如何影响投资的实证文献一般都采用这个方程作为基准模型（Chen and Chen，2012；Vogt，1994；Almeida and Campello，2007；Moyen，2004；McLean and Zhao，2014）。

相关变量具体定义如下：

创新投资（*IIR*）：本书在参考张信东等（Zhang，Xue，Zhang and Ding，2020）对无形资产投资指标度量的基础上，用创新投资率来测度企业创新投资。创新投资包含了"无形资产"账户（除土地使用权）增量、

[①]　企业的创新投资活动是一个长期过程，一般以 3 ~ 5 年为一个周期，最晚于 2012 年被评为国家级创新型企业的公司在 5 年后是否能保持创新能力达到认定时的标准存在不确定性，因此，为保证样本企业在研究期间的创新能力得到保持，研究期间延伸到截止评审年后 5 年。

"开发支出"账户增量和费用化研发支出。我国现行会计准则对企业自主创新研发投资区分研究阶段和开发阶段分别进行费用化和资本化。传统方法对创新投资的计量只考虑费用化部分即 R&D 支出（Kumar and Li，2016；Sunder，Sunder，Zhang，2017），未包含自主创新开发阶段的资本化部分和通过购买或兼并重组获得的专利、商标等投资支出，而反映在资产负债表"开发支出"和"无形资产"账户中的这部分支出应予以考虑，才能保证创新投资的计量更完整、可靠和准确。此外无形资产账户中的土地使用权不能代表企业的创新因素，计算时予以剔除。因此，创新投资变量的衡量定位表达式为：

创新投资率（IIR）=[（期末无形资产 - 期初无形资产 + 本期摊销额 - 期末土地使用权 + 期初土地使用权 - 本期土地摊销额）+（期末开发支出 - 期初开发支出）+ 费用化研发支出]/上期末总资产

有形投资率（TIR）：为了对比研究，本章还分析了现金流与成长机会对企业传统有形投资影响。有形投资用固定资产、在建工程、存货和库存现金等的增量来衡量。有形投资率为有形投资与年初总资产的比值。现金作为资产负债表中流动性最高的资产，被认为是"低风险、低回报"的投资，因此参考麦克里恩和赵（McLean and Zhao，2014）我们将现金也作为有形投资的一部分。

托宾的 q(q)：有学者指出，投资—现金流系数较高是由于 q 的计量误差所致，而非因为企业"面临融资约束的企业应该表现出较高的投资—现金流敏感性"。尽管托宾 q 存在噪音，但却难以对"真实"q 做出实证评价。大部分研究 q 和投资实证关系的文章都用市场价值与总资产的比值来衡量托宾 q（Cooper and Ejarque，2003；Bolton，Chen and Wang，2011）。遵循传统的计量，并为了避免公司股价过度波动带来的影响，这里用过去四个季度托宾 q 的均值作为解释变量 q。

现金流（CF）：内部现金流是指企业在没有外部融资的情况下，从经营活动中产生的现金流。研究投资与现金流关系的实证文献通常将现金流定义为扣除非常项目和折旧摊销项目前的利润（Chen and Chen，2012；Vogt，1994；Kaplan and Zingales，1997）。由于本书所选样本中的公司很少有非常项目，因此参考麦克里恩和赵（McLean and Zhao，2014）对现金流的计量方法，本书用净利润加上折旧和摊销与年初资产账面价值的比值衡量现金流。

表3.1 描述了创新投资指标各部分所占比重。从全样本来看，研发支

出占企业创新投资的比例为 72.00%，而无形资产增量的占比达到了 24.00%。这一比例在分样本中也比较平衡，民营企业中无形资产增量占比 21.88%，国有企业中无形资产增量占比 23.81% 说明企业创新投资中有外购和形成资产的创新投资不容忽视。已有关于创新投资的研究只关注 R&D 支出或无形资产增量都不能全面准确涵盖企业的创新投资。

表 3.1 创新投资变量各组成部分描述性统计

变量		均值	比重 (%)	标准差	最小值	最大值	p25	p50	p75	观测值
全样本	IIR	0.025		0.027	-0.025	0.253	0.004	0.018	0.036	2331
	开发支出	0.001	4.00	0.006	-0.077	0.105	0.000	0.000	0.000	2331
	研发支出	0.018	72.00	0.020	0.000	0.174	0.002	0.012	0.027	2331
	无形资产	0.006	24.00	0.015	-0.135	0.160	0.000	0.001	0.005	2331
民营企业	IIR	0.032		0.033	-0.008	0.253	0.009	0.024	0.042	823
	开发支出	0.001	3.13	0.007	-0.046	0.097	0.000	0.000	0.000	823
	研发支出	0.023	71.88	0.023	0.000	0.174	0.006	0.017	0.033	823
	无形资产	0.007	21.88	0.018	-0.017	0.160	0.000	0.001	0.006	823
国有企业	IIR	0.021		0.022	-0.025	0.100	0.003	0.016	0.032	1508
	开发支出	0.001	4.76	0.006	-0.077	0.105	0.000	0.000	0.000	1508
	研发支出	0.015	71.43	0.018	0.000	0.099	0.000	0.010	0.023	1508
	无形资产	0.005	23.81	0.013	-0.135	0.117	0.000	0.001	0.005	1508

3.2.3 实证结果与分析

1. 描述性统计

表 3.2 给出了主要变量的描述性统计，从该表中可以看出，在选取的国家级创新型企业中，创新投资率平均值为 2.5%，标准差为 2.7%。与创新投资相比，有形投资的平均值达到 11.5%，但标准差较大，为 36.7%。说明我国企业的创新投资率与有形投资相比仍显不足，但总体而言企业对创新投资的重视程度比较一致。在子样本的描述性统计中，无论国有企业还是民营企业，有形投资率都远大于创新投资，但民营企业的创

新投资率要比国有企业高，这个结果和我们的假设初步吻合。进一步，对国有企业和民营企业各变量做均值差异检验后发现，民营企业比国有企业平均创新投资率高 1.1%，且显著，但民营企业和国有企业平均有形投资率没有显著差异。

表3.2　　　　　　　　　　　　　主要变量描述性统计

	变量	均值	标准差	最小值	最大值	p25	p50	p75	观测值
国有企业	IIR	0.021	0.022	-0.025	0.1	0.003	0.016	0.032	1508
	TIR	0.111	0.338	-0.347	11.408	0.018	0.071	0.15	1508
	CF	0.069	0.051	-0.104	0.24	0.039	0.064	0.095	1508
	q	1.635	0.809	0.547	4.557	1.052	1.381	1.964	1508
民营企业	IIR	0.032	0.033	-0.008	0.253	0.009	0.024	0.042	823
	TIR	0.123	0.415	-0.418	10.855	0.018	0.084	0.168	823
	CF	0.092	0.075	-0.31	0.422	0.051	0.085	0.129	823
	q	2.017	1.272	0.421	9.61	1.19	1.629	2.487	823
全样本	IIR	0.025	0.027	-0.025	0.253	0.004	0.018	0.035	2331
	TIR	0.115	0.367	-0.418	11.408	0.018	0.075	0.158	2331
	CF	0.077	0.062	-0.31	0.422	0.043	0.069	0.107	2331
	q	1.77	1.014	0.421	9.61	1.085	1.468	2.131	2331

2. 实证结果

表3.3 是关于现金流和成长机会影响企业创新投资的实证研究结果。Panel A 是对全样本的回归结果，Panel B 和 Panel C 分别是对民营企业和国有企业的回归结果。首先，从全样本的第 1 列看，CF 的系数为 0.077，q 的系数为 0.188，且都在 1% 水平显著，说明 CF 每增加 1 个标准差（0.062），会引起创新投资 0.48% 的增加，全样本的创新投资均值为 0.025，所以意味着增加了 0.15，而 q 每增加 1 个标准差（1.014），会引起创新投资 19.06% 的增加，全样本的创新投资均值为 0.025，所以意味着增加了 7.63。从 Panel B 民营企业回归结果的第 4 列来看，发现只有 q 的系数是显著的，即 0.179（t 统计量 =3.655），所以回归表明，q 增加 1

个标准差（1.272）会导致创新投资增加了 0.228，民营企业的创新投资均值为 0.032，因此意味着增加了 7.125。说明在民营企业，决定企业创新投资的因素是企业未来的成长机会。从 Panel C 国有企业回归结果的第（7）列，q 和 CF 系数为正且显著，其中 q 系数为 0.207（t 统计量 = 5.430），q 变量的标准差（SD）为 0.809，q 每增加 1 个标准差，创新投资增加 0.167，国有企业创新投资的均值为 0.021，因此这代表着增加了 7.95。国有企业样本的 CF 系数为 0.094（t 统计量 = 2.371），表明每增加 1 个标准差的现金流将导致创新投资增加 0.005，最终代表着 0.238 的增长。因此，我们可以得出结论，q 对国有企业创新投资决策的影响大于现金流。因此，无论全样本还是子样本的结果，都表明企业创新投资的驱动力是成长机会。据此，假设 3.1 得到验证。然而，从民营企业和国有企业的结果对比发现，现金流对民营企业的创新投资没有解释作用，说明民营企业的高管更愿意承担风险，当公司有一定的发展机会时，无论是否有足够的现金流，他们都更愿意做出创新的投资决策。假设 3.2 得到验证。

表 3.3 的第 2、5、8 列，用息税前利润 + 折旧和摊销作为现金流的衡量方法，对回归结果进行稳健性检验，发现结果稳健。

表 3.3　　　　　　　　　　　　**创新投资回归结果**

变量	Panel A：全样本			Panel B：民营企业			Panel C：国有企业		
	(1)	(2)	(3)	(4)	(5)	(6)	(7)	(8)	(9)
CF	0.077 ***	0.075 ***	0.053 **	0.062	0.061 *	0.028	0.094 **	0.091 ***	0.079 ***
	(3.645)	(3.603)	(2.508)	(1.401)	(1.851)	(0.875)	(2.371)	(3.298)	(2.824)
q $(t-1)$	0.188 ***	0.188 ***	0.179 ***	0.179 ***	0.174 ***	0.151 ***	0.207 ***	0.212 ***	0.211 ***
	(9.450)	(9.443)	(9.063)	(3.655)	(5.956)	(5.302)	(5.430)	(7.204)	(7.165)
TIR			0.104 ***			0.192 ***			0.041 **
			(6.852)			(7.216)			(2.228)
Fixed effect	Yes	Yes	Yes	Yes	Yes	Yes	Yes	Yes	Yes
观测值	2331	2331	2331	823	823	823	1508	1508	1508
R – squared	0.052	0.052	0.074	0.073	0.057	0.123	0.049	0.048	0.052

注：***、**、* 分别表示相关系数在 1%、5%、10% 的水平下显著。

已有研究发现企业的有形资产投资受到企业现金流的影响，那么企业在同时进行有形投资和创新投资时，创新投资是否会受因企业的现金流短缺而降低，还是依旧更看重未来的成长机会？为解答上述疑问，表3.3的第3、6、9列在回归中加入了有形资产投资。我们发现，控制了有形资产投资后，q 的系数依然显著大于现金流，且在民营企业中，现金流的系数依旧不显著，说明企业在进行创新投资决策时，成长机会仍旧是其关键决定要素，我们的结果稳健。

进一步，为了与创新投资的决定因素进行对比分析，我们将有形资产投资对现金流和成长机会进行回归，结果见表3.4。Panel A 是对全样本的回归结果，Panel B 和 Panel C 分别是对民营企业和国有企业的回归结果。其中，第1、4、7列是主回归结果，第2、5、8列中将因变量换成不含现金的有形投资作为稳健性检验，第3、6、9列中替换了现金流指标，用息税前利润+折旧和摊销作为现金流的衡量方法进行了稳健性检验。从表3.4的结果可以看出，所有回归结果中现金流的系数都显著为正，q 的回归系数中，有两个不显著，其余系数都远小于现金流系数。由此可见，与创新投资不同，无论对国有企业还是民营企业，现金流才是决定其有形投资的关键因素。而此研究结论也与已有研究有形投资的文献结论一致。

表3.4 　　　　　　　　　　　　　　　有形投资回归结果

变量	Panel A：全样本			Panel B：民营企业			Panel C：国有企业		
	(1)	(2)	(3)	(4)	(5)	(6)	(7)	(8)	(9)
CF	0.479*** (16.312)	0.479*** (16.312)	0.480*** (16.621)	0.532*** (6.715)	0.364*** (8.247)	0.481*** (10.707)	0.428*** (7.152)	0.400*** (10.454)	0.479*** (12.589)
$q\ (t-1)$	0.101*** (3.755)	0.101*** (3.755)	0.099*** (3.699)	0.111** (2.491)	0.015 (0.406)	0.107*** (2.701)	0.091** (2.225)	0.030 (0.810)	0.091** (2.472)
Fixed effect	Yes	Yes	Yes	Yes	Yes	Yes	Yes	Yes	Yes
观测值	2347	2347	2347	823	826	826	1521	1521	1521
R－squared	0.130	0.130	0.134	0.073	0.093	0.162	0.108	0.079	0.116

注：***、**、*分别表示相关系数在1%、5%、10%的水平下显著。

3.2.4　结果讨论

以国家创新型企业为研究样本，并将样本分为国有企业和民营企业，探究企业创新投资的驱动力因素。实证研究结果表明，无论是在全样本还是在分样本中，企业创新投资对 q 的敏感度较高，而对现金流的敏感度较低，这一现象在民营企业更明显。说明创新投资的第一动力是成长机会。在不断发展的以创新为驱动的经济中，创新投资会增加企业的预期利润率[62]。因此，当存在高成长机会时，无论内部现金流是否充足，企业都会优先选择创新投资。

本章的研究结果同沃格特（Vogt，1994）与希梅尔伯格和彼得森（Himmelberg and Peterson，1994）不同，他们认为现金流对研发投资的影响更为显著。沃格特（Vogt，1994）研究了 1974 ~ 1990 年 359 家制造业企业的样本，而希梅尔伯格和彼得森（Himmelberg and Petersen，1994）检验了 1983 ~ 1987 年期间 179 家小公司的面板数据。但随着世界经济和创新科技的 30 多年的发展，企业的商业环境发生了巨大变化，近年来企业无形资本已占企业总资本的 34%（Corrado and Hulten，2010）。显然影响企业创新投资的决定因素也会随之改变。本章的研究结果与彼得斯和泰勒（Peters and Taylor，2017）类似，他们通过改进 q 的计量方法，实证证明了 q - 研发投资的系数远远大于 q - 现金流的系数。而本书则通过完善企业创新投资的衡量方法，发现 q 对创新投资更具解释力度。

3.3　本章小结

已有实证研究文献表明，现金流是投资决策的主导因素，特别是对于受融资约束的企业，而这一实证结果与经典 q - 投资理论相悖。与已有研究聚焦有形投资不同，本章主要考虑企业创新投资活动，试图揭开 q - 投资理论之谜。

本章通过对现金流—投资模型、q - 投资模型以及考虑创新的 q - 投资理论模型的分析，发现现金流和 q 虽然是影响企业投资的两个重要因素，但考虑创新后，q 更能解释投资。在此基础上，通过实证检验现金流和成长机会对创新投资的影响，发现企业的创新投资更多受到成长机会的影响，尤其在民营企业，创新投资对现金流不敏感。本章的研究奠定了后续研究的基础。

第 4 章

成长机会、投资者情绪与企业
创新投资：市场内检验

　　第 3 章通过对企业创新投资内部影响因素的研究，得到成长机会是企业创新投资的第一驱动要素。企业有更好的发展机会，就应该为创新项目投资，对于受到融资约束的企业，创新项目所需资金可由外部资本市场的融资功能补充。已有研究表明，资本市场投资者情绪通过股权融资渠道对企业创新投资有显著促进作用。那么，考虑资本市场外部环境后，投资者情绪如何通过影响成长机会促进企业创新投资，是本章要研究的内容。本章聚焦我国多层次资本市场中的场内市场（主板、中小板、创业板），选取国家级创新型上市公司，在理论分析的基础上，实证检验了成长机会、投资者情绪与创新投资三者的关系，主要基于不同所有权性质，分别对国有企业和民营企业创新投资活动受投资者情绪的边际影响作用进行了检验，并加入外部经济环境的影响作用进行了对比研究[①]。

4.1　投资者情绪对成长机会影响创新投资的边际作用分析

　　投资者情绪是投资者对股票价格未来收益理解的偏差，情绪推动了对投机性投资的相对需求，使投资者最终形成对资本市场乐观或悲观的评价（王美今、孙建军，2004；Stein，1996）。已有研究发现，资本市场层面的投资者情绪会通过股权融资渠道和迎合性投资渠道影响上市公司的投资活动。

　　投资者情绪影响投资的股权融资渠道是指投资者情绪引起的错误估价影响到企业外部融资成本，投资者情绪所带来的市场择时效应使得企业外

---

　　①　本部分主要成果发表于 "*Emerging Markets Finance and Trade*" 2020 年第 56 卷。

部融资的成本相对低廉。因此，对于高度依赖外部资金的企业来说，股权融资成本的降低将缓解企业融资状况，进而影响企业投资活动。当投资者情绪高涨的时候一般会引起股价的上涨，而股票价格对"股权依赖型"公司的投资活动影响很大，融资约束越严重的公司，其投资活动对股价越敏感，这是因为当股票价格高于基本面时，股权依赖型公司的理性管理者发现发行股票更有吸引力，管理者会择时在市场情绪高涨时发行股票以筹得更多资金（Baker，Stein and Wurgler，2003）。

投资者情绪影响投资的迎合渠道是指在投资者情绪高涨时选择投资定价较高的项目，回避定价较低的项目，管理者通过迎合投资者的情绪，实现股价最大化（Polk and Sapienza，2004）。管理者迎合渠道基于对管理者短视的假设，即管理者会暂时扭曲公司的投资决策，从而导致资源配置不当（Stein，1996）。迎合渠道认为企业在不存在融资约束的情况下，也会在投资者情绪高涨时做出投资决策，这种现象对信息不对称程度高的企业更明显。

除资本市场外，企业所处的经济环境也会通过融资渠道影响企业投资。"金融加速器"理论认为，金融市场上资金借贷双方之间的信息不对称导致了外部融资的代理成本，而代理成本的大小与企业经营状况相关。在经济扩张时期，企业经营状况良好，借贷双方之间代理成本下降，这会增强企业外部融资能力；反之，经济低迷则会使企业外部融资能力减弱，而融资增加（减少）导致投资增加（减少）。

研究表明，在信贷市场上面临相对较高的代理成本的借款人，如小企业或资产状况不佳的企业，将首当其冲地受到经济衰退的冲击，这些企业将减少支出、生产和投资以对冲衰退冲击的影响（Bernanke，Gertler and Gilchrist，1996）。因为企业的投资决策不仅取决于项目的净现值，还受抵押资产价值的影响（Kiyotaki and Moore，1997），所以在经济衰退期，企业由于抵押资产价值下降，面临贷款减少问题，进而影响了企业的投资活动。波尔顿、陈和王（Bolton，Chen and Wang，2013）研究发现在2008年全球金融危机期间，外部融资状况的不确定性对投资产生重要影响。坎佩罗、格雷厄姆和哈维（Campello，Graham and Harvey，2010）通过对1050名来自美国、欧洲和亚洲公司 CFO 的调查发现，因为担心银行贷款受限，这些企业在2008年的债务危机期间都推迟甚至放弃了具有吸引力的投资机会。罗时空和龚六堂（2014）通过对经济周期影响股权融资的研究发现股权融资也是顺周期的。麦克里恩和赵（McLean and Zhao，2014）认为，对于上市公司而言，在经济衰退期间，股票发行量的减少比信贷规模的减少更易造成资金紧张，进而影响企业投资。而在经济扩张期间，企业有更多的机会获得内部或外部融资，较低的融资成本为企业创造更多利润，这反过来又增加了它们的投资。在经济繁荣时期，充足的银行贷款对创新活动的数量和质量具有显著的有利影响，特别是对于高度依赖外部资本的企业（Amore，Schneider and Žaldokas，2013）。

研究表明，相较于信贷市场，股权市场更有利于企业创新。产业组织理论认为，创新投资具有风险大、周期长、转换成本高等特点（Hall，2002；Holmström，1989；Brown and Petersen，2001）。由于创新投资产生的知识资本、人力资本等无形资产很难被作为抵押物进行评估和量化，创新项目融资在信贷市场不受青睐（Brown，Fazzari and Petersen，2009；张一林、龚强和荣昭，2016）。而股权市场的投资者更关注创新带来的企业成长性，且可分享创新带来的高收益成果，因此更愿意为创新项目提供资金，而较容易在股票市场筹集到资金的企业更愿意进行创新投资（Bottazzi，Dosi，Lippi et al.，2001；Rajan，2012）。布朗和彼得森（Brown and Petersen，2013）的研究也发现，研发的特殊性限制了企业使用债务融资的能力，因此获得股票市场融资对研发投资尤为重要。因为研发投资是无形的，很少或没有抵押价值。此外，由于债权人只分享下行收益，因此，标准债务合同的设计并不能很好地为创新投资融资，因为创新投资的特点是失败的可能性很高，但也有获得很高收益的机会。股权市场最重要的功能就是克服逆向选择和道德问题，进而降低公司的外部融资成本。拉詹和津格尔斯（Rajan and Zingales，1998）开创性地提出金融发展对经济增长的促进作用在那些高度依赖外部资金的行业中更显著。许等（Hsu，Tian and Xu，2014）首次实证检验了金融市场发展对企业创新的影响，他们通过对 32 个发达国家和新兴国家的股权市场研究发现，股票市场越发达，对外部融资依赖程度较高的行业其创新投资越多。进一步，从企业微观层面的研究发现，股权市场对企业创新投资的促进作用对有外部融资依赖的企业中有积极影响，但对外部融资依赖不高的企业来讲，股权市场反而会抑制其创新（李丹蒙、王俊秋和张裕恒，2017）。因此，企业在股权市场上市对创新的影响取决于对外部资本的需求。资本市场中投资者情绪在影响企业创新投资决策中扮演者重要角色。在股权市场，投资者情绪对公司相关证券的价格有很大影响（Stein，1996；Baker，2009），而这种影响最终会影响到对外部融资依赖较高企业的投资决策。

斯坦（Stein，1996）和贝克（Baker，2009）的研究发现，当投资者情绪高涨时，企业面临的融资成本较低。张信东等（Zhang, Xue, Zhang and Ding, 2020）通过对中国 335 家创新型企业的研究发现，高投资者情绪能促进民营企业的融资活动，进而提高了其创新投资。刘春玉和郝丽斌（2018）也从缓解融资约束视角实证检验了投资者情绪对企业研发投资的积极促进效应。唐玮、崔也光和曹蕾（2018）基于我国 2007～2014 年沪、深两市的 A 股上市公司的数据，实证研究发现投资者情绪对企业创新投入有显著正向影响。他们认为高涨的投资者情绪激发了管理者过度自信，提升了管理者风险成大能力，进而推动企业创新投资。贝克和斯坦（Baker and Stein, 2004）发现，一个流动性异常的市场是指定价被非理性投资者所主导的市场，这些投资者往往对订单流或股票发行所体现的信息反应不足。高流动性表明这些非理性投资者拥有积极的情绪，因此流动性也可以看作一个投资者情绪指标。已有关于流动性影响企业创新的研究有两种截然相反的观点。基于信息不对称理论的观点认为，由于管理者和投资者之间的信息不对称，来自资本市场的压力使管理者不得不牺牲长期有价值的投资（如创新投资）来维持股价的最大化，以避免公司被恶意收购，而在流动性越高的企业，"噪音交易者"为大型收购提供了伪装，使其收购更易获利（Stein, 1989; Kyle and Vila, 1991）。流动性的提高可以降低公司内部人和外部投资者信息不对称程度，进而提升股价的信息含量，而股价对好消息的反应更迅速，因此管理者更倾向于选择可以快速获利的传统项目而非长期不确定的创新项目进行投资（Ferreira, Manso and Silva, 2014）。股票流动性高的企业更易吸引关注短期收益的投机型机构投资者，他们的频繁交易可能导致公司股票被误定价和创新投资不足（Porter, 1992）。阿查里亚和兰布雷希特（Acharya and Lambrecht, 2015）也发现管理者为了公司能在资本市场有好的业绩表现，没有进行创新投资的动力。格雷厄姆、哈维和赖格帕尔（Graham, Harvey and Rajgopal, 2005）通过对超过 400 名 CFO 的调查和采访发现，大部分管理者会为了迎合短期收益目标牺牲长期不确定的投资项目。另一种观点基于委托代理理论，认为股票流动性的提高可吸引大股东进入，大股东发挥对管理者的监督作用，促进企业创新（Kahn and Winton, 1998; Faure–Grimaud and Gromb, 2004）。市场流动性越高，大股东监督意愿越强，他们通过知情交易获得的收益可以覆盖监督的成本（Maug, 1998; Edmans, Gabaix and Landier, 2009）。

第 3 章的研究结果表明，驱动企业创新投资的内在因素是企业的成长机会。当企业拥有好的成长机会时，更愿意进行创新投资活动，而创新所需的资金在市场投资者情绪高涨时期更能够得到满足。高涨的投资者情绪说明投资者对企业未来发展有一个良好的预期，更愿意投资于 q 值高的企业。q 值越高的企业拥有更多的投资机会，对外部融资需求更高，高涨的投资者情绪有利于其在资本市场以低成本筹集资金。因此，q 对企业创新投资的作用在投资者情绪高涨时更敏感。同理，由于债权融资的顺周期性，在经济处于繁荣时期时，企业更容易在银行获得贷款，对于需要外部资金的高成长性企业来说，贷款成为其较易获得的外部融资渠道。但从创新投资的风险高、低抵押的特点来说，与银行追求固定收益的风险规避特征相悖，银行信贷并不是企业创新投资最好的融资来源，银行贷款的回报与承担的风险不相匹配，导致银行缺少激励为创新企业融资，因此 q 对企业创新投资的作用与经济环境不敏感。

另外，外部融资环境对产权性质不同的企业具有异质性影响。与民营企业相比，国有企业拥有政府提供的无形担保（李丹蒙、王俊秋和张裕恒，2017），这使其在银行融资更加容易。与在资本市场融资相比，银行贷款成本更低，因此，国有企业更倾向于在经济扩张时期，从银行获得资金以刺激创新。而对于民营企业来讲，由于相对较高的经营风险和较少的抵押资产，在为创新投资活动融资时可能会遇到严重的信用融资约束（周铭山、张倩倩和杨丹，2017）。因此，具有创新融资优势的股权市场成为民营企业融资的主要渠道，在投资者情绪高涨时民营企业可以从股票市场获得大量低成本资金，进行创新投资。因此，我们提出以下假设：

假设4.1：在投资者情绪高涨时期，民营企业的创新投资对成长机会更敏感。

假设4.2：在经济繁荣时期，国有企业的创新投资对成长机会更敏感。

4.2　成长机会、投资者情绪与企业创新投资关系的实证检验

4.2.1　研究设计

1. 模型构建

本章选取2006~2016年在中国上交所和深交所上市的335家国家级

创新型企业为研究样本。样本数据来源和数据处理与第 3 章相同。

以第 3 章的基本模型（3.37）为基础，为了检验宏观经济状况和投资者情绪如何影响创新投资对 q 值和现金流的敏感性，回归出衡量经济周期（E）和投资者情绪（S）的年度 β_1 和 β_2 系数，得到 β_1 和 β_2 系数的时间序列方程：

$$\beta_{1,t} = \alpha + \beta_3 E_t + \beta_5 S_t + \varepsilon_t \tag{4.1}$$

$$\beta_{2,t} = \alpha + \beta_4 E_t + \beta_6 S_t + \varepsilon_t \tag{4.2}$$

方程（4.1）和方程（4.2）中的系数估计了 E 和 S 对 q 和 CF 系数的边际影响。

我们将方程（4.1）和方程（4.2）代入方程（3.37）：

$$\frac{I_{i,t}}{A_{i,t-1}} = (\alpha + \beta_3 E_t + \beta_5 S_t + \varepsilon_t) q_{i,t-1} + (\alpha + \beta_4 E_t + \beta_6 S_t + \varepsilon_t) \frac{CF_{i,t}}{A_{i,t-1}} + \varepsilon_{i,t}$$

$$= (\alpha q_{i,t-1} + \beta_3 E_t \times q_{i,t-1} + \beta_5 S_t \times q_{i,t-1})$$

$$+ \left(\alpha \frac{CF_{i,t}}{A_{i,t-1}} + \beta_4 \frac{CF_{i,t}}{A_{i,t-1}} \times E_t + \beta_6 \frac{CF_{i,t}}{A_{i,t-1}} \times S_t \right) + \varepsilon_{i,t}$$

我们将 $q_{i,t-1}$ 的系数替换为 β_1，将 $\frac{CF_{i,t}}{A_{i,t-1}}$ 的系数替换为 β_2，然后加上年度和公司固定效应，最后得出模型（4.3）：

$$\frac{I_{i,t}}{A_{i,t-1}} = \alpha_i + \alpha_t + \beta_1 q_{i,t-1} + \beta_2 \frac{CF_{i,t}}{A_{i,t-1}} + \beta_3 q_{i,t-1} \times E_t + \beta_4 \frac{CF_{i,t}}{A_{i,t-1}} \times E_t$$

$$+ \beta_5 q_{i,t-1} \times S_t + \beta_6 \frac{CF_{i,t}}{A_{i,t-1}} \times S_t + \varepsilon_{i,t} \tag{4.3}$$

模型（4.3）中的交乘项估计了 E 和 S 对 q 和 CF 的边际影响。在方程（4.3）中，系数 β_3 和 β_5 分别检验了在经济扩张和投资者情绪高涨时期投资对 q 的敏感性是否更大，系数 β_4 和 β_6 检验了经济扩张和投资者情绪高涨时期投资对现金流的敏感性是否更大。在回归分析中，我们将创新投资与有形投资区分进行了对比研究。所有回归都固定了公司效应和固定年效应。

模型（4.3）中的创新投资变量（I）、成长机会变量（q）和现金流变量（CF）的定义与第 3 章相同。下面具体介绍经济环境（E）和投资者情绪（S）的计量方式。

2. 变量定义

我们用宏观经济景气指数（MPI）作为经济环境的代理变量。宏观经济景气指数是衡量经济运行状况的综合指标，包括工业生产、就业、社会需求和社会收入四个方面。我们参考麦克里恩和赵（McLean and Zhao，2014）的观点，将 MPI 换算成年度 0 ~ 1 的变量。首先，我们以研究期间每月数据样本的 MPI 中值作为参考，如果每月 MPI 值等于或大于参考值，则标记为 1，否则标记为 0。然后，我们用一个年度指标变量来捕捉经济增长，如果在 1 年内，上述 0 ~ 1 变量的数量等于或大于 6，则等于 1，说明该年度为经济扩张期，否则为 0，即经济衰退期。

现有研究中衡量投资者情绪（IS）的方法较多。贝克和伍尔格勒（Baker and Wurgler，2006）提出的 BW 情绪指数在金融文献中得到了广泛的认可和应用。鉴于中国金融市场的特点，本章在贝克和伍尔格勒（Baker and Wurgler，2006）的基础上，借鉴易志高和茅宁（2009）的投资者情绪测量方法，选取衡量投资者情绪的 12 个分项指数，即封闭式基金折价、换手率、IPO 数量、上市首日收益、新增投资者开户数和消费者信心指数以及这六个分项指标的滞后项。首先，利用 2006 ~ 2016 年月度数据，采用主成分分析法，从 6 个投资者情绪指标及其滞后指标中选取 5 个主成分作为投资者情绪的结构因子（选取 5 个主成分保证了累计方差解释率达到85% 以上）。然后，我们对变量 IS - Q 与上述 12 个指标（6 个投资者情绪指标和滞后指标）进行相关性分析，并选取 6 个最相关的指标作为构造综合情绪指数的源指标。最后，以这六个新的子指数为基础，采用第二轮主成分分析法，选取占贡献率85% 以上的五个主成分作为结构因子，得到本章中的投资者情绪指标（IS）。

特别强调的是，由于第一轮得到的指标中包含了反映经济状况的情绪指数，不能完全反映投资者情绪，所以在进行第二轮主成分分析之前，我们分别将六个原始分项指数对反映宏观经济状况的指标（工业生产增加值、居民消费价格指数、生产者价格指数和宏观经济景气指数）进行了回归，以各回归模型的残差作为主成分分析的主要变量，构建了新的 IS 指数，该指数可以更清晰地反映投资者情绪。

投资者情绪指标有正有负，而在回归中需要将投资者情绪指标与其他变量进行交乘，而其他变量也有可能是负值。因此，将投资者情绪最小值的绝对值作为一个常数项与投资者情绪指标相加，以确保投资者情绪指标都为非负。

表 4.1 是对经济环境和投资者情绪变量的描述性统计。

表 4.1　　　　　　　　　宏观变量描述性统计表

变量	均值	方差	P25	P50	P75	观测值
MPI	0.455	0.522	0	0	1	11
IS	0.654	0.455	0.268	0.738	1.153	11

4.2.2　实证检验

表 4.2 是投资者情绪对创新投资原动力边际影响力的实证结果。Panel A 和 Panel B 分别是民营企业和国有企业的回归结果。回归（1）、回归（4）和回归（2）、回归（5）是分别考虑经济状况或投资者情绪的回归结果，回归（3）和回归（6）将经济状况和投资者情感交互作用纳入同一回归中进行分析。我们可以看到在民营企业中创新投资对 q 的敏感度随着投资者情绪的高涨而上升，在国有企业，创新投资对 q 的敏感度随着经济状况的上升而下降。

表 4.2　　　　　　　　投资者情绪影响创新投资的回归结果

变量	Panel A：民营企业			Panel B：国有企业		
	(1)	(2)	(3)	(4)	(5)	(6)
CF	0.111*** (2.919)	0.084* (1.694)	0.116** (2.307)	0.167*** (5.235)	0.111*** (2.606)	0.149*** (3.461)
$q(t-1)$	0.181*** (5.965)	0.087* (1.651)	0.090* (1.712)	0.229*** (7.817)	0.210*** (5.547)	0.224*** (5.934)
$CF*MPI$	-0.060 (-1.374)		-0.078* (-1.744)	-0.076** (-2.138)		-0.086** (-2.343)
$q(t-1)*MPI$	-0.035 (-0.883)		-0.032 (-0.808)	-0.098*** (-3.026)		-0.097*** (-2.998)
$CF*IS$		-0.035 (-0.664)	0.004 (0.082)		-0.022 (-0.520)	0.031 (0.732)
$q(t-1)*IS$		0.115* (1.919)	0.105* (1.763)		-0.002 (-0.040)	0.003 (0.069)
观测值	823	823	823	1508	1508	1508
R-squared	0.073	0.064	0.085	0.092	0.049	0.093

注：***、**、*分别表示相关系数在 1%、5%、10% 的水平下显著。

在对民营企业回归的 Panel A 中，我们发现投资者情绪和 q 的交乘项在第（2）列和第（3）列都显著为正，在民营企业中创新投资对 q 的敏感度随着投资者情绪的高涨而上升。为了观察投资者情绪的边际影响，用投资者情绪指标 25% 和 75% 百分位的值（如表 4.1 所示）代表低投资者情绪和高投资者情绪。以 Panel A 的回归（2）为例，其中只包括了投资者情绪的交互作用。在投资者情绪高涨期，q 的总系数为 $0.087 + 0.115 \times 1.153 = 0.220$，$CF$ 的总系数为 0.044；在投资者情绪低落期，q 和 CF 的总系数分别是 $0.087 + 0.115 \times 0.268 = 0.118$ 和 0.0746。在回归（3）中，同时包括了经济状况和投资者情绪，假设经济处于繁荣期，在投资者情绪高涨的时候 q 的总系数为 $0.090 - 0.032 + 0.105 \times 1.153 = 0.179$，$CF$ 的总系数为 0.043，投资者情绪低落时，q 和 CF 的总系数分别为 0.086 和 0.039。因此，我们可以得出结论，考虑投资者情绪后，创新投资的主导要素依然是成长机会，而且在民营企业中投资者情绪可以加强成长机会对于企业创新投资的主导作用。在回归（2）和回归（3）中，经济状况与 q 的交乘项不显著，说明在民营企业中，经济状况对创新投资 $-q$ 的敏感性没有影响。

在国有企业样本的 Panel B 中，我们发现在第（4）列和第（6）列回归中，经济状况与 q 的交乘项显著为负，说明其对创新投资有显著的边际效应。为了评价此效应，我们将 $MPI = 1$ 时看作经济繁荣期，$MPI = 0$ 时为经济衰退期。我们发现在回归（4）中，在经济扩张期 q 和 CF 总系数分别为 $0.229 - 0.098 = 0.131$ 和 0.091，在经济扩张期，尽管 q 依旧是创新投资的主导要素，但国有企业的创新投资对增长机会或现金流的依赖性变小。回归（5）和回归（6）中，投资者情绪与 q 和现金流的交乘项都不显著，说明投资者情绪对国有企业创新投资决策没有影响。

为了结果的稳健，我们通过分别用息税前利润 + 折旧和摊销作为现金流的衡量方法和在回归中控制有形资产两种方式重新对结果进行检验，发现结果稳健。表 4.3 和表 4.4 分别是稳健性检验回归结果。

表 4.3　　投资者情绪影响创新投资的回归结果（稳健性检验 1）

变量	Panel A：民营企业			Panel B：国有企业		
	(1)	(2)	(3)	(4)	(5)	(6)
CF	0.109 *** (2.887)	0.083 * (1.667)	0.114 ** (2.270)	0.171 *** (5.431)	0.110 *** (2.680)	0.158 *** (3.783)

续表

变量	Panel A：民营企业			Panel B：国有企业		
	（1）	（2）	（3）	（4）	（5）	（6）
$q(t-1)$	0.177 *** （5.986）	0.084 （1.585）	0.088 * （1.671）	0.232 *** （7.717）	0.210 *** （5.263）	0.224 *** （5.630）
$CF \times MPI$	-0.058 （-1.219）		-0.079 （-1.613）	-0.080 ** （-2.391）		-0.089 *** （-2.614）
$q(t-1) \times MPI$	-0.047 （-0.965）		-0.042 （-0.871）	-0.075 *** （-2.640）		-0.074 *** （-2.605）
$CF \times IS$		-0.035 （-0.628）	0.005 （0.087）		-0.026 （-0.649）	0.027 （0.666）
$q(t-1) \times IS$		0.116 * （1.857）	0.106 * （1.698）		0.006 （0.146）	0.008 （0.206）
观测值	823	823	823	1508	1508	1508
R - squared	0.073	0.064	0.085	0.093	0.049	0.094

注：***、**、* 分别表示相关系数在 1%、5%、10% 的水平下显著。

表 4.4　投资者情绪影响创新投资的回归结果（稳健性检验 2）

变量	Panel A：民营企业			Panel B：国有企业		
	（1）	（2）	（3）	（4）	（5）	（6）
TIR	0.194 *** （7.367）	0.188 *** （7.048）	0.192 *** （7.268）	0.037 ** （2.090）	0.041 ** （2.231）	0.037 ** （2.078）
CF	0.082 ** （2.228）	0.027 （0.562）	0.062 （1.255）	0.160 *** （5.012）	0.099 ** （2.389）	0.148 *** （3.509）
$q(t-1)$	0.152 *** （5.281）	0.096 * （1.863）	0.099 * （1.947）	0.231 *** （7.674）	0.208 *** （5.226）	0.222 *** （5.592）
$CF \times MPI$	-0.074 （-1.624）		-0.100 ** （-2.114）	-0.080 ** （-2.391）		-0.089 *** （-2.610）
$q(t-1) \times MPI$	-0.034 （-0.736）		-0.027 （-0.576）	-0.074 *** （-2.616）		-0.073 *** （-2.581）

续表

变量	Panel A：民营企业			Panel B：国有企业		
	(1)	(2)	(3)	(4)	(5)	(6)
$CF \times IS$		0.000 (0.002)	0.046 (0.839)		-0.027 (-0.664)	0.026 (0.646)
$q(t-1) \times IS$		0.067* (1.876)	0.053* (1.915)		0.006 (0.158)	0.008 (0.218)
观测值	823	823	823	1508	1508	1508
R - squared	0.141	0.128	0.150	0.096	0.053	0.097

注：***、**、*分别表示相关系数在1%、5%、10%的水平下显著。

因此，我们可以得出结论，无论是国有企业还是民营企业，在考虑投资者情绪和经济环境后，创新投资的驱动力依旧是成长机会，该结论也是对第3章结论的进一步验证。当我们考虑投资者情绪时，成长机会在创新投资中的主导作用在民营企业中得到了加强。这个结果表明在投资者情绪高涨时期，民营企业有更多的外部融资渠道和更多的投资机会，这使得创新投资更具吸引力，假设4.1得到验证。出乎意料的是，尽管经济环境对国有企业的 q - 创新投资具有显著的边际效应，但影响并不为正，与假设不一致。

为了解开经济环境对国有企业 q - 创新投资负向影响之谜，我们对国有企业有形资产投资进行进一步分析。表4.5报告了外部融资环境影响国有企业有形投资的回归结果。其中 Panel A 为基本回归结果，Panel B 和 Panel C 分别是将因变量换成不含现金的有形投资和替换现金流指标（用息税前利润 + 折旧和摊销作为现金流）的稳健性检验结果。Panel A 的回归（1）和回归（3）中为含有经济环境交乘项的回归结果，第3章的研究结论表明，有形资产的主导要素是现金流，因此我们看现金流和经济环境的交乘项，发现都显著为正。为了评价经济环境影响的经济意义，同样，用 $MPI = 1$ 代表经济繁荣，$MPI = 0$ 代表经济状况的衰退。在回归（1）和回归（3）中，国有企业在经济扩张期的 CF 总系数分别为0.480和0.486，说明宏观经济环境加强了现金流作为有形投资的驱动力的作用。这一发现表明，宏观经济环境向好时，国有企业更愿意进行有形资产投资，一定程度解释了创新投资边际系数为负的原因。

表 4.5　　外部融资环境影响国有企业有形投资的回归结果

变量	Panel A			Panel B			Panel C		
	(1)	(2)	(3)	(4)	(5)	(6)	(7)	(8)	(9)
CF	0.363*** (8.638)	0.407*** (7.586)	0.363*** (6.514)	0.307*** (6.843)	0.436*** (7.565)	0.365*** (6.174)	0.396*** (8.826)	0.467*** (8.260)	0.408*** (6.916)
$q(t-1)$	0.107*** (2.832)	0.105** (2.113)	0.121** (2.374)	0.021 (0.535)	0.061 (1.167)	0.061 (1.148)	0.117*** (2.971)	0.094* (1.745)	0.119** (2.164)
$CF \times MPI$	0.117*** (2.583)		0.123*** (2.640)	0.121*** (2.669)		0.162*** (3.508)	0.150*** (3.189)		0.157*** (3.247)
$q(t-1) \times MPI$	-0.041 (-0.983)		-0.041 (-0.991)	0.035 (0.871)		0.028 (0.715)	-0.071* (-1.704)		-0.072* (-1.731)
$CF \times IS$		0.028 (0.523)	-0.006 (-0.112)		-0.050 (-0.864)	-0.116** (-2.000)		0.017 (0.296)	-0.023 (-0.385)
$q(t-1) \times IS$		-0.022 (-0.430)	-0.019 (-0.369)		-0.037 (-0.683)	-0.038 (-0.712)		-0.006 (-0.098)	-0.000 (-0.002)
观测值	1521	1521	1521	1521	1521	1521	1521	1521	1521
R – squared	0.114	0.108	0.114	0.098	0.083	0.110	0.124	0.116	0.124

注：***、**、* 分别表示相关系数在 1%、5%、10% 的水平下显著。

4.2.3　结果讨论

1. 融资约束下的企业创新投资

为验证外部融资环境对企业创新投资的影响是通过融资渠道机制来实现的,我们进一步检验了需要外部融资的企业是否对经济状况和投资者情绪表现出更大的创新投资敏感性。

由于企业所面临的融资约束是不可直接观察到的,因此有许多方法将企业分为有融资约束和无融资约束两类,例如用间接代理指标(如信用评级或支付股息)或指数(Kaplan – Zingales 指数或 Hadlock – Pierce 指数)。在我国,因为只有少数公司具有信用评级,因此我们选择股利支付作为融资约束的代理变量。另外,哈德洛克和波尔斯(Hadlock and Pierce, 2010)的研究发现,公司规模和年龄是衡量企业融资约束水平特别有效的预测因子,比 KZ 指数更有效,因此我们采用 Hadlock – Pierce 指数(HP)作为融资约束的另一种度量方法。

法扎里、胡巴德和彼得森(Fazzari, Hubbard and Petersen, 1988)认为企业的低股息是其存在融资约束的表现,借鉴的萨和永奎斯特(Mensa and Ljungqvist, 2016),我们根据公司发放的股息对其进行排名,排名前30% 的公司代表有融资约束,排名后 30% 的公司为无融资约束公司。此外,将公司按 HP 指数进行排名,将排名前 30% 的为无融资约束公司,排名后 30% 的为受融资约束的公司。为更有效测量企业受到的融资约束,我们构建了一个 0~1 变量作为融资约束代理指标(FC),当企业在依据股利分组为受约束公司或依 HP 指数分组为受约束公司时,认定该公司为受融资约束的公司,赋值为 1,其他公司则为不受融资约束的公司,赋值为 0。

HP 指数的计算公式为:

$$HP = -0.737Size + 0.043Size^2 - 0.040Age \qquad (4.4)$$

为了检验 FC 与投资之间的关系,我们借鉴麦克里恩和赵(McLean and Zhao, 2014)的方法,估计了以下模型:

$$\frac{I_{i,t}}{A_{i,t-1}} = \alpha_i + \alpha_t + \beta_1 FC_{i,t-1} + \beta_2 FC_{i,t-1} \times E_t + \beta_3 FC_{i,t-1} \times S_t + \varepsilon_{i,t} \qquad (4.5)$$

模型(4.5)中包括固定公司效应和固定年效应,模型中包含了融资约束与经济状况变量和情绪指数的交乘项。该模型用来检验受融资约束企业的投资决策是否对经济状况和投资者情绪更敏感。

表 4.6 是考虑融资约束与外部融资环境交乘项的回归结果。Panel A 和 Panel B 分别是民营企业和国有企业的回归结果。回归（1）和回归（3）可以看出，*FC* 与投资者情绪的交互项显著为正，回归（4）和回归（6）中，*FC* 与投资者情绪的交互项不显著。这说明在民营企业中，融资约束越大的企业其创新投资活动对投资者情绪更敏感，而在国有企业中，企业是否受到资金约束其创新投资决策都与投资者情绪无关。从回归（2）和回归（3）可以发现，*FC* 与经济环境的交互项不显著，说明民营企业的创新资金来源不会受到经济环境的影响。回归（5）和回归（6）中 *FC* 与经济环境的交互项显著为负，说明有融资约束的国有企业在经济环境好的时候创新投资反而下降。

表 4.6　　　　　　　　　　融资约束企业创新投资回归结果

变量	Panel A：民营企业			Panel B：国有企业		
	(1)	(2)	(3)	(4)	(5)	(6)
FC	0.012 (0.305)	0.106 (1.517)	0.015 (0.398)	(0.030) (−0.640)	0.009 (0.215)	0.006 (0.133)
FC × *MPI*		−0.025 (−0.868)	−0.033 (−1.129)		−0.110*** (−3.977)	−0.110*** (−3.912)
FC × *IS*	0.109*** (3.220)		0.113*** (3.249)	−0.015 (−0.515)		0.004 (0.156)
Observations	823	823	823	1508	1508	1508
R − squared	0.027	0.014	0.029	0.001	0.020	0.020

注：***、**、*分别表示相关系数在1%、5%、10%的水平下显著。

为了探究为什么国有企业在经济扩张期减少创新投资，我们在表 4.7 中进一步考察了有形投资。我们发现，与经济状况的交互作用对国有企业来说都是显著为正的。说明经济状况对国有企业的有形投资具有边际的正向影响。因此，我们可以推断，在经济扩张期间，有融资约束的国有企业因为得到更多的资金会加强对有形资产的投资。

表4.7   融资约束企业有形投资回归结果

变量	Panel A：民营企业			Panel B：国有企业		
	（1）	（2）	（3）	（4）	（5）	（6）
FC	-0.045 （-0.616）	-0.040 （-0.742）	-0.057 （-0.774）	-0.088 （-1.581）	-0.089* （-1.675）	-0.113* （-1.951）
$FC \times MPI$		0.095* （1.670）	0.094 （1.641）		0.082** （2.423）	0.078** （2.262）
$FC \times IS$	0.033 （0.599）		0.021 （0.391）	0.051 （1.375）		0.036 （0.964）
观测值	823	823	823	1508	1508	1508
R - squared	0.001	0.009	0.009	0.003	0.007	0.008

注：***、**、*分别表示相关系数在1%、5%、10%的水平下显著。

本章的研究结论表明，投资者情绪对企业创新投资的影响是通过影响企业融资成本来实现的。在投资者情绪高涨期，民营企业更容易筹集到创新投资所需资金，而对于国有企业来讲，经济繁荣时期获得的外部融资更多投向有形资产。

2. 投资者情绪与企业创新投资

上述实证研究表明，民营企业的创新投资会受到资本市场投资者情绪的影响。从表4.8对企业相关特征的描述性统计我们发现，民营企业主要通过在资本市场通过发行股票和债券进行融资，融资额度明显高于国有企业，民营企业的杠杆率远低于国有企业。可以推断民营企业更多的是依靠资本市场作为其融资渠道，因此，民营企业受资本市场投资者情绪的影响。当投资者情绪高涨时，具有高成长机会的企业会进行更多的创新投资。这是因为高q公司有更多的投资机会，更需要外部融资。高投资者情绪会增加公司未来可能享受稳健发展的信心，公司更有可能以较低的成本在股市上融资。因此，在投资者情绪高涨时期，高q公司的创新投资会增加。

表 4.8   企业相关特征描述性统计

特征变量		杠杆率	股利支付率	规模	年龄	债券发行	股票发行
国有企业	均值	0.533	0.024	22.879	11.743	0.004	0.025
	中位值	0.55	0.021	22.508	12	0	0
	标准差	0.199	0.017	1.666	5.204	0.028	0.107
	观测值	1508	1508	1508	1508	1508	1508
民营企业	均值	0.439	0.030	22.348	8.550	0.010	0.053
	中位值	0.439	0.025	22.181	8	0	0
	标准差	0.249	0.023	1.182	5.027	0.08	0.418
	观测值	823	823	823	823	823	823
MeanDiff（t test）		0.093 ***	-0.006 ***	0.532 ***	3.192 ***	-0.007 ***	-0.027 **

我们的结果也与阿查里雅和徐（Acharya and Xu，2017）和拉詹（Rajan，2012）一致。阿查里雅和徐（Acharya and Xu，2017）发现外部资金依赖型行业的上市公司在研发上的投入更大。拉詹（Rajan，2012）认为，股票市场作为外部资本的来源，可以通过减少信息不对称、降低资本成本、实现公司创新。相比之下，我们关注的是公司创新的驱动力即成长机会。我们发现，一个在资本市场更容易筹集到资金的高成长机会的公司会进行更多的创新投资。

3. 经济环境与企业创新投资

我们在第 3 章的研究结果表明，国有企业的创新投资决定要素是企业成长机会，但 4.2 节的实证结果发现具有更多成长机会的国有企业在经济扩张时期并没有增加企业的创新投资，这与常理不符。在 4.3 节的进一步讨论中，我们也发现融资约束企业在经济扩张时期会减少创新投资，但其有形投资显著增加。为了解释这一异常现象，我们探究了宏观经济环境与外部融资成本之间的关系。

图 4.1 描绘了 2006~2016 年 *MPI* 与一年期银行贷款利率（调整通货膨胀率）之间的变化趋势。经济环境与银行贷款利率之间存在反向波动，换句话说，在经济扩张期，银行的贷款利率会下降，反之亦然。

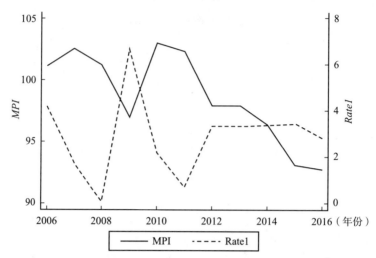

图 4.1　2006～2016 年 *MPI* 与一年期银行贷款利率变动趋势

我们可以看到，在经济扩张期，依靠银行贷款的企业可以以较低的融资成本筹集到投资所需资金。然而，这些资金可能主要用于有形资产投资。可能的原因是，国有企业的政策效应和社会责任使银行贷款发放给指定投资对象（佟爱琴和洪棉棉，2015）。因此，这些企业虽然能以低成本筹集到资金，但其使用可能被限制在有形资产的投资上。

从表 4.8 中我们发现，国有企业的平均杠杆率超过了 50%。而中国大部分银行都是国有银行，它们传统上对国有企业的贷款比重更大，因此经济环境主要通过债务融资影响国有企业的投资。贝克和莱文（Beck and Levine，2002）认为，以银行为基础的金融体系可能会抑制外部资金有效地流向最新的、最具创新性的事业。许等（Hsu，Tian and Xu，2014）发现，信贷市场的发展似乎阻碍了更多依赖外部融资和高科技密集型产业的创新。因此，经济景气时，高度依赖银行贷款的国有企业可能会削减其创新投资，而增加有形资产。这一现象得到了我们的实证验证。而这一发现也有很强的实践意义，对于国有企业来讲，高杠杆率不仅意味着高财务风险，更对企业创新不利。

4.3　本章小结

本章首先通过对投资者情绪影响企业创新投资的理论分析发现，投资者情绪对企业创新投资通过融资渠道机制起作用，接着通过实证研究发现，投资者情绪和经济环境对不同产权性质企业的影响有差异。高的投资者情绪能促进具有高成长机会的民营企业进行创新投资，但对国有企业没有影响。经济扩张期对高成长机会的国有企业的创新投资有抑制作用，而民营企业的创新投资决策受经济环境的边际影响有限。为了进一步探究外部融资环境是否通过影响企业的融资成本作用于企业创新投资，我们考察了融资约束下的投资者情绪对企业创新投资行为的边际作用，发现受融资约束的民营企业在投资者情绪高涨时期会进行更多的创新投资，说明投资者情绪确实可以通过降低成本增加企业融资，而受融资约束的国有企业在经济扩张期会进行更多有形投资。

本章的研究结果表明，民营企业主要融资渠道是股权资本市场，创新投资对投资者情绪高度敏感，因此，鼓励民营企业上市为创新投资筹集资金具有很强的现实意义。对于国有企业而言，对银行贷款的高度依赖削弱了其创新投资意愿，因此国有企业去杠杆仍是国企改革的重点。

第 5 章

成长机会、投资者情绪与企业创新投资：跨市场比较

第 4 章基于发展程度相当的场内市场对成长机会、投资者情绪与企业创新投资的关系进行了研究。鉴于我国特殊的多层次资本市场结构，各市场板块之间的投资者情绪差异较大，而现阶段通过多层次资本市场改革提升资本市场服务企业创新能力已成为改革的重中之重。因此，本章基于跨市场视角，进一步探讨成长机会、投资者情绪与企业创新投资的关系。首先通过对多层次资本市场发展现状和定位进行分析，选取了服务中小创新型企业的创业板和新三板作为比较对象，其次分析了两个市场投资者情绪和成长机会不协调现状，在此基础上实证检验了新三板和创业板中成长机会不同的企业其创新投资活动的差异，并探讨了投资情绪在差异中的机制作用。[①]

5.1 跨市场选择依据及关键特征变量分析

5.1.1 选择新三板市场和创业板市场的依据

1. 我国多层次资本市场定位及发展现状

理论上，任一交易市场都可以形成市场分层结构，但在实践中多层次化主要针对股票市场而言，即"多层次资本市场体系"的含义就是多层次

---

① 本部分主要成果发表于《科研管理》2021 年第 2 期、《经济问题》2020 年第 5 期。

股票市场体系，多层次股票市场之所以成为资本市场多层次化发展的主要内容，是由股票市场自身特点和资本市场纵向分层化的规律决定的。实践中，资本市场多层次化通过三个基本维度确定：股票亚群体属性（股票发行方式、上市标准、流动性、产业属性）、地理空间、交易方式。由三个维度构成的三维空间是资本市场多层次构建的依据。多层次资本市场能最大限度实现资本市场供求均衡，提高监管效率。认识资本市场的多层次需回归到经济发展的基本需求：从融资端看，对于不同行业、不同业态的企业，其在成长的生命周期中，均呈现不同的风险特征，因此适合的融资方式和交易场所各不一样；从投资端看，投资者由于存在差异化的风险偏好，对金融资产的期限、结构、回报率等有不同的预期。总的来说，企业需求和投资者偏好的多元化与层次性，是决定资本市场多层次的关键要素，多层次资本市场本质是为了适应企业发展的需求和投资者风险的分层管理。多层次资本市场的发展为各个层次的企业提供了融资平台，也可满足数量众多、风险偏好不同的投资者群体的多元化投资需求。

改革开放以来，我国多层次资本市场从无到有、从小到大，经历了迅速发展。20 世纪 90 年代初，沪深交易所的相继开业标志着全国性资本市场的正式建立，2003 年党的十六届三中全会首次提出"建立多层次资本市场，完善资本市场结构"，自此资本市场多层次构建正式提上日程。经过多年的建设，我国已初步形成一个由主板、中小板、创业板、科创板、新三板和区域股权市场（新四板）构成的多层次资本市场体系。各层次资本市场以企业生命周期为内在纽带，具有不同的市场定位。其中，主板市场定位于服务优质的大型企业，旨在培育行业龙头，创造中国民族品牌；中小板主要为主业突出、具有成长性和科技含量的中小企业提供直接融资平台；创业板定位于服务自主创新企业及其他成长型创业企业，旨在促进自主创新企业及其他成长型创业企业的发展；科创板主要服务于符合国家战略、突破关键核心技术、市场认可度高的科技创新企业；新三板是服务创新型、创业型、成长型中小企业的市场，在服务民营经济、中小企业发展中发挥重要作用；区域性股权市场是主要服务于所在省级行政区域内中小微企业的私募股权市场，是多层次资本市场体系的塔基。

表 5.1 和表 5.2 分别描述了资本市场主要板块 2015～2019 年上市企业数量和总市值，我们可以看到数量上来看，新三板是吸纳企业最多的市

场，挂牌企业数量最多，其次是主板，创业板和中小板上市企业数量相当。但是从上市企业总市值来看，在主板上市的公司市值最大，而新三板企业市值最小。

表 5.1   资本市场各板块 2015～2019 年上市企业数量

板块		2019 年	2018 年	2017 年	2016 年	2015 年
主板	沪市	1495	1443	1389	1175	1073
	深市	461	463	465	467	467
中小板		943	922	903	822	776
创业板		791	739	710	570	492
新三板		8953	10691	11630	10163	5129
科创板		70	0	0	0	0

资料来源：根据上海证券交易所、深圳证券交易所和全国股转系统数据整理得到。

表 5.2   资本市场各板块 2015～2019 年上市企业总市值   单位：亿元

板块		2019 年	2018 年	2017 年	2016 年	2015 年
主板	沪市	346095	268691	330327	283555	293946
	深市	76862	54275	79647	71849	75280
中小板		98681	70122	103992	98113	103950
创业板		61348	40460	51289	52255	55916
新三板		29400	34487	49405	40558	24584
科创板		8637.64	0	0	0	0

资料来源：根据上海证券交易所、深圳证券交易所和全国股转系统数据整理得到。

这一对比关系可以从图 5.1 很直观地发现。这一鲜明的对比也说明了资本市场各板块的定位差异，主板上市的主要是大型企业，而在新三板挂牌的主要是初创型和成长型中小企业。另外，新三板挂牌成本更低、限售和转让制度更宽松、信息披露制度更灵活，因此能够服务数量更多的中小企业，但其较低的流动性吸引投资者的能力较弱，导致企业市值很低。

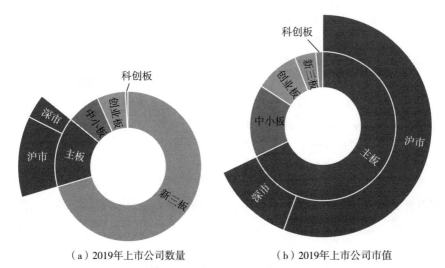

（a）2019年上市公司数量　　　　　（b）2019年上市公司市值

图 5.1　2019 年资本市场各板块上市公司数量与市值对比

下面，我们分析各板块上市公司的特征。

从表 5.3 资本市场各板块上市企业排名前五的省市可以看出，上市公司在各板块的地域分布差异不大，排名前五的省市交叉性很强，其中，北京市和广东省的上市公司在各板块的前五都占有席位，其次是江苏省、上海市和浙江省。除北京市外，我们发现各板块排名前五的省市主要集中在江浙沪等发达地区，间接说明了资本市场在助力经济发展的同时，存在严重的区域发展不协调。

表 5.3　　　　　　资本市场各板块上市企业地域排名

区域排名	主板		中小板	创业板	新三板			科创板
	沪市	深市			基础层	创新层	精选层	
1	上海市	广东省	广东省	广东省	广东省	广东省	北京市	江苏省
2	浙江省	山东省	浙江省	江苏省	北京市	北京市	江苏省	广东省
3	江苏省	湖北省	江苏省	北京市	江苏省	江苏省	上海市	北京市
4	北京市	北京市	山东省	浙江省	浙江省	浙江省	安徽省	上海市
5	广东省	四川省	北京市	上海市	上海市	上海市	广东省	浙江省

表5.4是资本市场各板块上市企业行业排名，我们可以看出，制造业仍然是上市公司集中的主要行业。计算机、通信和其他电子设备制造业，化学原料和化学制品制造业，专用设备制造业，电气机械和器材制造业，医药制造业是各大板块集中度较高的行业。纵向来看，主板排名前五的行业中，有房地产业、批发零售业等传统行业，其他板块则全部集中于高科技行业和制造业，这与各板块的市场定位基本吻合，中小板、创业板、新三板和科创板都有服务创新型企业的要求。另外，信息传输、软件和信息技术服务业是创业板和新三板上市最多的行业，这也符合新三板和创业板支持中小创新企业发展的定位。最后，我们发现，从行业分布来看，创业板和新三板排名前五的行业完全吻合，说明这两个板块对服务的创新企业有一定同质性。

表5.4　　　　　　　资本市场各板块上市企业行业排名

| 行业排名 | 主板 | | 中小板 | 创业板 | 新三板 | | | 科创板 |
	沪市	深市			基础层	创新层	精选层	
1	计算机、通信和其他电子设备制造业	房地产业	计算机、通信和其他电子设备制造业	信息传输、软件和信息技术服务业	信息传输、软件和信息技术服务业	信息传输、软件和信息技术服务业	信息传输、软件和信息技术服务业	专用设备制造业
2	专用设备制造业	批发和零售业	电气机械和器材制造业	计算机、通信和其他电子设备制造业	专用设备制造业	计算机、通信和其他电子设备制造业	医药制造业	计算机、通信和其他电子设备制造业
3	化学原料和化学制品制造业	电力、热力、燃气及水生产和供应业	化学原料和化学制品制造业	专用设备制造业	计算机、通信和其他电子设备制造业	专用设备制造业	计算机、通信和其他电子设备制造业	医药制造业
4	批发和零售业	化学原料和化学制品制造业	医药制造业	电气机械和器材制造业	租赁和商务服务业	电气机械和器材制造业	电气机械和器材制造业	化学原料和化学制品制造业
5	医药制造业	医药制造业	信息传输、软件和信息技术服务业	化学原料和化学制品制造业	电气机械和器材制造业	化学原料和化学制品制造业	专用设备制造业	通用设备制造业

表 5.5 是对资本市场各板块上市企业 2015～2019 年研发收入占比的统计，我们可以看出，在所有板块中，科创板的研发收入占比是最高的，其次是创业板和新三板，创业板 5 年平均研发收入占比为 7.17%，新三板 5 年平均研发收入占比为 7.03%，中小板企业次之，研发收入占比最小的是深市主板企业，原因可能是该板块有大量研发投入较少的房地产公司。

表 5.5　　资本市场各板块上市企业 2015～2019 年研发收入占比　　单位：%

指标	年份	主板		中小板	创业板	新三板			科创板
		沪市	深市			基础层	创新层	精选层	
研发收入占比	2015	3.71	2.73	4.60	7.04	8.19	6.75	5.67	11.70
	2016	4.62	3.01	4.72	6.99	8.60	6.41	5.74	13.89
	2017	4.44	3.17	4.69	6.86	8.83	6.32	5.52	12.52
	2018	4.43	3.02	4.78	7.33	9.08	6.71	6.13	11.54
	2019	4.54	3.03	5.03	7.62	7.77	6.81	6.99	11.90
平均		4.35	2.99	4.76	7.17	8.49	6.60	6.01	12.31

资料来源：根据 Wind 数据库和同花顺数据库整理。

2019 年中共中央办公厅、国务院办公厅印发的《关于促进中小企业健康发展的指导意见》明确提出，要加快中小企业首发上市进度，为主业突出、规范运作的中小企业上市提供便利；深化发行、交易、信息披露等改革，支持中小企业在新三板挂牌融资。通过以上分析，我们也发现在多层次资本市场中，创业板和新三板定位最相似，不断助推中小企业创新发展的两个重要资本市场。两个市场在创新行业分布和研发投资率高度相似，但两个市场分别隶属于深圳证券交易所和全国中小企业股份转让系统，在挂牌制度、交易制度、投资者适当性管理和信息披露要求等方面又存在显著差别，进而导致两个市场的企业在公司治理、风险投资、分析师覆盖、信息披露等方面有很大不同。这就为我们进行市场间企业创新投资的比较提供了可能。

2. 新三板与创业板比较分析

我国的创业板于 2009 年 10 月设立，主要服务成长期的创新型中小企业，尽管在创业板成立之前已经成立了中小板，由于中小板的发行条件和上市条件跟主板一样，已无法满足当时日益增加的优质中小企业的融资需求，作为推动国家自主创新战略实施与经济转型的重大举措，创业板应运而生。创业板是一个高风险和高收益并存的市场。创业板市场的上市公司多处于发展的早期阶段，规模小，时间短，盈利不稳定，前景不明朗，社会认同程度低，客观上存在较大的投资风险。但是，创业板上市公司又大多为高新技术企业，发展快，成功后的投资回报极高。因此，创业板的成立为更多中小创业创新企业提供了在二级市场直接融资的机会。创业板的推出标志着我国多层次资本市场体系框架的正式建立。与主板市场相比，创业板发行上市条件对股本规模、营业收入和盈利水平等方面的要求相对较低，企业申请创业板上市成功的机会更大。创业板成立11年以来，承载着落实创新驱动发展战略和培育战略新兴产业的历史使命，在支持双创企业群体、优化创业创新生态、引领产业升级转型、加速新旧动能转换等方面发挥着日益重要的作用，成为新时代推动经济高质量发展的创新引擎。

2013年1月16日正式摘牌运营的全国中小企业股份转让系统（简称"全国股转系统"，俗称"新三板"），是经国务院批准，依据证券法设立的继上交所、深交所之后第三家全国性证券交易场所，主要为创新型、创业型、成长型中小微企业服务。由于新三板的挂牌条件较宽松，自成立以来吸引了大批中小微企业，新三板挂牌公司数量快速上升，海量市场规模已经形成。截至2016年5月27日，全国股转系统挂牌公司数量已达7394家，且仍保持高速增长态势。随着挂牌公司数量的增加，挂牌公司在发展阶段、经营水平、股本规模、股东结构、融资需求等方面差异较大，在交易频率、价格连续性、市值等方面差异也越来越明显。面对海量挂牌公司，投资人在信息收集、标的遴选、研究决策等方面的难度也日益加大。为更好满足中小微企业差异化需求，合理分配监管资源，同时有效降低投资者的信息收集成本，提高风险控制能力，2016年实施分层管理，设立"基础层"和"创新层"，2019年12月新三板分层管理又一次改革，增设了精选层。至此，新三板形成"精选层—创新层—基础层"的三层次市场结构，在各层级实行差异化的发行融资、股票交易、投资者适当性、信息披露和公司治理制度，精准满足不同类型、不同发展阶段企业的差异化需求，更好地发挥新三板服务中小创新企业的作用。

"基础层—创新层—精选层"市场层级的功能定位和制度安排既有所差异，又相互衔接。总体来说，各层级的融资、交易等功能逐层增强，投资者数量和类型逐层增加，相应的，对企业的财务状况和公众化水平要求逐层提高，监管标准逐层趋严。对于广大"创新型、创业型、成长型"企业来说，新三板市场为企业提供了在多层次资本市场递进式发展的路径。基础层定位于企业储备和规范发展，准入方面只要求满足基本挂牌条件，不设盈利门槛。在企业发展初期，基础层便利的发行融资制度、适度的规范治理有利于企业快速进入成长期，发展壮大。随着企业经营业绩和公众性的提高，创新层为企业提供了更好的流动性，在规范的基础上对企业进行培育。创新层挂牌公司符合公开发行条件和精选层进入条件的，可以申请公开发行并进入精选层。

表 5.6 是创业板和新三板创新层、精选层上市需满足的主要财务指标要求。我们可以发现，创业板和新三板创新层的要求相差无几，且新三板创新层更强调成长性要求。而精选层的要求更严苛，且为研发能力较强的企业进入也提供了可能。

表 5.6　　　　创业板和新三板主要上市财务指标要求对比 *

条件	创业板	新三板创新层	新三板精选层
(1) 盈利性	最近两年连续盈利，最近两年净利润累计不少于 1000 万元；或者最近一年盈利，最近一年营业收入不少于 5000 万元	最近两年净利润均不低于 1000 万元，最近两年加权平均净资产收益率平均不低于 8%	市值不低于 2 亿元，最近两年净利润均不低于 1500 万元且加权平均净资产收益率平均不低于 8%；或者最近一年净利润不低于 2500 万元且加权平均净资产收益率不低于 8%
(2) 成长性		最近两年营业收入平均不低于 6000 万元，且持续增长，年均复合增长率不低于 50%	市值不低于 4 亿元，最近两年营业收入平均不低于 1 亿元，且最近一年营业收入增长率不低于 30%，最近一年经营活动产生的现金流量净额为正

条件	创业板	新三板创新层	新三板精选层
（3）市场认可或研发能力		最近有成交的 60 个做市或者集合竞价交易日的平均市值不低于 6 亿元；采取做市交易方式的，做市商家数不少于 6 家	市值不低于 8 亿元，最近一年营业收入不低于 2 亿元，最近两年研发投入合计占最近两年营业收入合计比例不低于 8%；或市值不低于 15 亿元，最近两年研发投入合计不低于 5000 万元
（4）净资产	最近一期末净资产不少于 2000 万元，且不存在未弥补亏损		最近一年期末净资产不低于 5000 万元
（5）股本要求	股本总额不低于 3000 万元	满足条件（1）、条件（2）的股本总额不少于 2000 万元，满足条件（3）的股本总额不少于 5000 万元	股本总额不少于 3000 万元

注：＊新三板创新层和精选层的条件中，满足条件（1）~（3）其中之一及条件（4）、条件（5）。

从表 5.7 创业板和新三板创新层主要财务指标对比可以发现，创业板企业的平均规模比新三板创新层大，体现在创业板的总资产和营业总收入都远远大于新三板，但是新三板的盈利能力和增长能力好于创业板。

表 5.7　　　　　　创业板和新三板创新层主要财务指标对比

年份	总资产（亿元）		营业总收入（亿元）		净资产收益率（%）		收入增长率（%）	
	创业板	创新层	创业板	创新层	创业板	创新层	创业板	创新层
2015	16.39	5.03	8.53	2.56	15.22	21.34	30.71	82.06
2016	22.25	6.20	11.25	3.23	14.18	17.61	30.35	51.01
2017	28.67	7.03	14.62	4.14	11.26	14.43	42.92	38.56
2018	31.81	7.86	17.04	4.99	4.45	12.89	20.36	28.99
2019	35.02	8.96	19.04	5.80	3.77	10.11	14.72	17.31
平均	26.83	7.01	14.10	4.14	9.77	15.28	27.81	43.59

通过上述对比分析，我们从多层次资本市场各板块来看，新三板创新层挂牌企业与创业板上市公司在地域分布、行业分布及研发投入等方面具有较高的相似度，而两个市场的上市（挂牌）的财务指标要求又极其相似，这也符合两个市场都服务于中小创新企业的定位要求。总体来看，新三板创新层的规模和收入水平都较低，体现了其市场包容性。

我国创业板和新三板的建设初衷都是服务中小企业创新发展，但由于企业自身原因及上市（挂牌）的市场微观结构差异，可能对其创新投资造成不同程度的影响。

5.1.2　企业成长机会与投资者情绪不协调分析

1. 新三板和创业板企业成长机会分析

第3章的研究表明，企业的创新投资决定要素是企业的成长机会。理论上，企业高管在做创新投资决策时，应该从公司长远发展角度考虑。但实践中，经常会出现管理者短视导致企业创新投资不足等问题。管理者短视行为是指管理者倾向于将资金配置于能为企业带来短期业绩的项目，而忽视能为企业带来发展的长期投资。管理者短视行为可通过职业忧虑假设来解释（Holmström，1999）。高管职业忧虑假设下，公司股东可能将创新失败归因于管理者较差的管理技能，为避免股东对其能力认知误判引发被解雇风险，管理者倾向投资短期盈利项目，尤其上市公司高管会追求短期股价表现，牺牲长期创新投资。斯坦（Stein，1989）认为公司短期行为是股票市场和高管之间非合作博弈的纳什均衡结果，高管为了提高当前收益会放弃好的投资机会。格雷厄姆和哈维（Graham and Harvey，2005）通过对超过400名CFO的调查和采访发现大部分管理者会为迎合短期收益目标牺牲长期不确定的投资项目。费雷拉、曼索和席尔瓦（Ferreira，Manso and Silva，2014）用股权融资影响管理者创新动机模型发现上市公司的管理者倾向选择传统投资项目而非创新投资。阿查里亚和兰布雷希特（Acharya and Lambrecht，2015）的研究也表明，管理者为使公司在资本市场有好的业绩表现，从而没有进行创新投资的动力。

我们通过对新三板和创业板的对比分析发现，新三板企业的增长速度比创业板企业更快，说明新三板有更多的成长机会。那么，受两个市场挂牌制度、交易制度、投资者适当性管理和信息披露要求等差异的影响，不同市场管理者在不同程度上存在短视行为，这将直接导致其在制定创新投资决策时，不以企业的成长机会为主要决策依据。

首先，与创业板相比，新三板宽松的挂牌准入制度吸引了大批初创期企业进入市场，这些企业在资本市场的助力下，发展速度较快，且初创期企业的股东和高管重合的治理结构能有效避免代理问题带来的管理者短视问题，因此高管会更重视企业未来发展，进而更重视创新投资。其次，与创业板连续竞价交易机制不同，新三板虽采用集合竞价转让、协议转让和做市商转让三种交易方式，但因设置了较高的投资者准入标准（高达500万元），限制了市场投资者数量和股票交易频率（Kahn and Winton，1998），导致新三板流动性极低，进而使得选择新三板挂牌企业的风险投资无法通过短期转让股份获利，因此更倾向留在企业内部（Faure–Grimaud and Gromb，2004），积极参与公司管理，行使对高管的监督职能。而风险投资在明知无法快速获利的情况下仍选择投资新三板挂牌企业，说明其对企业的发展前景非常看好，未来企业长期发展能够容忍企业暂时的创新失败。而股东对短期失败的容忍是激励企业高管进行创新的最优手段（Manso，2011）。

另外，与创业板相比，跟踪新三板企业的分析师很少。"市场压力"假说认为，分析师的财务预测和信息披露行为会给企业的高管带来压力，尤其当企业出现短期业绩下滑时，分析师都会向下修正企业预期业绩，进而引起市场负面反应，而企业高管会出于对自身财富、职业生涯和外部声誉的考虑，牺牲长期创新投资来迎合分析师的短期业绩预测（Graham，Harvey and Rajgopal，2005），因此分析师带来的过度市场压力会使高管放弃长期的发展，降低企业的创新投资（He and Tian，2013；谢震和艾春荣，2014）。最后，新三板信息披露要求低于创业板。对创新企业而言，尽管信息透明度的增加有助于降低企业内外部信息的不对称，但信息披露频率越高，越会增加企业高管的短视行为，从而抑制企业创新。综上所述，我们发现，新三板的高管短视程度更低，更重视企业长期发展，更愿意进行长期的创新方面的投资。

2. 新三板和创业板投资者情绪分析

第4章的研究发现，投资者情绪通过融资渠道影响企业创新投资。对于新三板和创业板来讲，差异化的制度设计导致两个市场的投资者呈现完全不同的特征。从表5.8中两个市场的股东持股特征看，新三板创新层平均股东户数只有 106.51 户，与创业板的 19499.12 户有巨大差异，且新三板户均持股数及持股比例也远远大于创业板。这与两个板块投资者适当性管理规则相关。创业板对交易者的要求较宽松，对个人投资者资金账户的要求是不低于人民币 10 万元，对机构投资者没有要求；而新三板对对机构投资者和自然人投资者的实收资本、资金账户的要求都需要大于 100 万元。这些要求大大限制了新三板市场投资者数量（谢庚和徐明，2019）。投资者情绪反映了市场参与者的投资意愿，由于制度安排差异导致新三板市场投资者数量非常少，使得该市场的投资者情绪与创业板相比更低迷。

表 5.8　　　　　　　　新三板创新层和创业板股东持股特征对比

年份	新三板创新层			创业板		
	股东户数	户均持股数（万股）	户均持股比例	股东户数	户均持股数（万股）	户均持股比例
2015	70.72	212.19	41.58	13649.98	29.74	3.42
2016	98.66	294.85	60.26	17136.85	22.60	2.77
2017	117.11	296.10	53.82	20906.42	11.99	0.98
2018	119.79	273.38	44.56	21723.50	10.63	0.86
2019	126.29	336.71	40.84	24078.87	5.46	0.58
平均值	106.51	282.65	48.21	19499.12	16.09	1.72

资料来源：根据同花顺数据库相关数据整理。

　　资本市场的投资者基于对市场中各个层面的信息加以比较，最终形成对资本市场的乐观或者悲观的评价（Brown and Cliff，2004）。与创业板相比，新三板媒体关注度低，分析师追踪少，导致企业内外部信息不对称程度更高，加之新三板投资者数量少，投资者对新三板市场的认识不足，导致其投资热情不高，体现在交易方面就是更低的换手率、成交量和成交金额（见表 5.9）。

表5.9   新三板创新层和创业板交易特征对比

年份	新三板创新层			创业板		
	换手率 （%）	成交量 （万股）	成交额 （亿元）	换手率 （%）	成交量 （万股）	成交额 （亿元）
2015	2.11	2329.78	1.59	6.86	199191.86	564.42
2016	1.87	1470.67	0.83	5.14	165472.20	376.25
2017	1.22	1296.87	0.77	4.66	123456.72	231.23
2018	0.19	320.48	0.12	3.77	151795.76	212.46
2019	0.11	392.73	0.19	4.32	238296.22	292.10
平均值	1.10	1162.11	0.70	4.95	175642.55	335.29

资料来源：根据同花顺数据库相关数据整理。

理论上，投资者会发现成长机会好的企业，对其股票进行投资，高涨的投资者情绪能促进企业为创新融资，进而促进企业创新投资。但从市场间的比较我们发现，新三板的成长机会大于创业板，但由于制度安排、信息不对称等原因导致新三板投资者情绪并不高涨，这就出现了不同市场间企业成长机会和投资者情绪的不协调。因此，尽管新三板与创业板相比，会进行更多的创新投资，但新三板投资者情绪低迷，使得其不能充分利用资本市场的融资渠道。

5.2 成长机会、投资者情绪与创新投资关系的跨市场检验

5.2.1 数据来源与样本选择

鉴于创业板和新三板是我国多层次资本市场中服务创新创业中小企业的两个主要资本市场，且新三板创新层对企业股本、盈利能力及成长性等要求与创业板企业上市条件要求相差无几，考虑数据的稳定性、可得性及可比性，本书以2013～2017年新三板创新层挂牌公司与创业板上市公司为研究样本，并进行如下筛选和处理：（1）剔除金融行业企业；（2）剔除创新投资率小于零的企业。通过筛选和处理后得到新三板创新层挂牌企

业 844 家，创业板上市公司 669 家，共 4531 个观测值作为全样本。

另外，影响企业创新活动众多因素中，最重要的是企业所处行业和公司的规模，处于不同行业、规模不同的企业，其创新活动具有很大差异（李月蒙、王俊秋和张裕恒，2017）。因此，为最小化行业和规模分布的差异可能引起的结果偏差，我们参考阿斯克等（Asker，Farre – Mensa and Ljungqvist，2015）对全样本进行行业—规模匹配，具体方法如下：从起始年（2013 年）开始，按规模接近原则在同行业为新三板企业匹配创业板公司，如找不到匹配对象，则剔除该公司本年观察值，在下一年为其重新匹配创业板公司。一旦匹配成功，则以后年度保持该匹配样本不变，以保持面板数据的完整性，匹配过程使用有放回匹配。最终得到新三板创新层挂牌企业 249 家，创业板上市公司 128 家，共 837 个观测值作为匹配样本。

创业板上市企业的数据主要来源于 Wind 数据库，新三板挂牌企业数据主要来源于同花顺数据库，对于数据库部分缺失数据通过手工查询上市企业（挂牌企业）年报得到。

需要特别说明的是，本书所研究样本是已在新三板挂牌和在创业板上市的企业，这些企业在样本期不改变上市状态，因此其创新投资行为不会受到企业上市意愿的影响。

5.2.2　模型设计与描述性统计

本节构建了基本面板回归模型和处置效应模型来检验新三板和创业板创新投资之间的差异：

$$IIR_{i,k,t} = \alpha + \beta_1 ID_{i,k,t} + \beta_2 GROW_{i,k,t} + \gamma X_{i,k,t} + \eta_k + \xi_t + \varepsilon_{i,t} \qquad (5.1)$$

式（5.1）为基本面板回归模型。其中，因变量 $IIR_{i,k,t}$ 为企业创新投资，自变量 $ID_{i,k,t}$ 为哑变量，如果企业为新三板创新层挂牌企业，则为 1，否则为 0。$GROW_{i,k,t}$ 代表企业成长机会，$X_{i,k,t}$ 为影响企业创新投资活动的其他控制变量，包括有形资产投资、公司收入、公司年龄、公司业绩、杠杆水平、外部融资依赖。η_k 控制了固定行业效应，ξ_t 控制了固定时间效应。同时，为避免公司层面的聚集效应对标准误的影响，回归中在公司层面进行了 Cluster 处理。

由于公司在创业板上市或新三板挂牌具有非随机性，且影响其选择资本市场的因素可能同时影响创新投资活动，为解决由此引起的选择性偏误，我们构建了以下处置效应模型。处置效应模型包括两步：

第一步是选择方程：

$$ID_i = \begin{cases} 1 & \text{if} \quad ID_i^* > 0, \\ 0 & \text{if} \quad ID_i^* \leq 0, \end{cases} \quad ID_i^* = \pi + \delta Z_i + v_i \tag{5.2}$$

其中，Z_i 是影响企业在新三板挂牌的一系列企业特征变量，包括企业成长机会、内部现金流、有形资产投资、公司收入、公司年龄、公司业绩、杠杆水平、行业外部融资依赖指数（$perEFD$）、行业创新强度指数（$perIIR$）。

第二步为含哑变量 $ID_{i,k,t}$ 的结果方程：

$$IIR_{i,k,t} = \alpha + \beta_1 ID_{i,k,t} + \beta_2 GROW_{i,k,t} + \gamma X_{i,k,t} + \phi Mills_i + \varepsilon_{i,k,t} \tag{5.3}$$

其中，系数 β_1 表示平均处置效应 $ATE = E(IIR_i \mid ID = 1) - E(IIR_i \mid ID = 0)$。

处置效用模型为两步估计法。第一步用模型（5.2）估计企业在新三板挂牌的可能性，第二步将第一步得到的逆米尔斯比率（$Mills$）加入模型（5.3）以调整选择偏误。

模型（5.1）和模型（5.2）中的创新投资变量（IIR）的定义与第 3 章相同。由于新三板相比创业板市场发展程度不高，股票交易不活跃，股价波动性较大，用传统 q 指标无法准确衡量其投资机会，因此我们参考丁等（Ding，Kim and Zhang，2018），用收入增长率（$GROW$）代表企业的成长机会。收入增长率衡量的是企业在实体经济的发展前景，收入增长率越高，说明企业产品在需求端越受欢迎，企业未来发展前景越好。其他变量的定义如下：有形资产投资（TIR）同第 3 章定义；公司收入（$SALE$）用收入的对数来表示；公司年龄（AGE）公司成立到样本年份；杠杆水平（LEV）为负债除以总资产；外部融资依赖（EFD）＝［（有形资产投资＋创新资产投资）－经营活动产生的现金流］/（有形资产投资＋创新资产投资）；行业外部融资依赖指数（$perEFD$）为行业外部融资依赖中值的百分比排名；行业创新强度指数（$perEFD$）为行业创新投资中值的百分比排名。

表 5.10 分别对全样本和匹配样本进行了描述性统计。从 Panel A 全样本可以看出，新三板创新层挂牌企业的创新投资、现金流、成长性、盈利能力和杠杆率均值显著高于创业板企业，而创业板企业的有形资产投资、销售额、年龄、外部融资依赖程度显著大于新三板。从 Panel B 可以看出，通过匹配以后创业板和新三板公司的销售收入、成长性和外部融资依赖无显著差别。无论是全样本还是匹配样本，新三板企业的平均创新投资都高于创业板。

表 5.10　变量描述性统计

Panel A：全样本

ID		IIR	TIR	SALE	GROW	CF	AGE	ROA	LEV	EFD
创业板	均值	0.031	0.008	11.151	0.203	0.096	14.717	6.995	0.296	0.143
	中位值	0.027	0.015	11.072	0.182	0.084	14.000	6.706	0.271	0.531
	最小值	0.000	-0.694	6.532	-2.415	-0.401	5.000	-45.614	0.011	-54.647
	最大值	0.089	0.519	15.813	4.427	0.797	40.000	40.784	0.886	41.412
	标准差	0.019	0.108	0.923	0.314	0.078	4.220	6.075	0.164	6.088
	观测值	2284	2284	2284	2284	2284	2284	2284	2284	2284
新三板	均值	0.053	-0.018	9.789	0.263	0.119	11.166	11.901	0.375	-1.157
	中位值	0.041	0.000	9.697	0.218	0.099	11.000	10.846	0.361	-0.351
	最小值	0.000	-0.722	5.672	-4.233	-1.629	3.000	-82.923	0.004	-54.647
	最大值	0.183	1.375	15.810	4.962	7.948	59.000	97.388	0.948	41.412
	标准差	0.042	0.093	1.035	0.418	0.236	5.076	10.721	0.181	10.787
	观测值	2247	2247	2247	2247	2247	2247	2247	2247	2247
	MeanDiff	-0.022***	0.025***	1.363***	-0.060***	-0.023***	3.551***	-4.905***	-0.078***	1.300***

续表

Panel B: 匹配样本

ID		IIR	TIR	SALE	GROW	CF	AGE	ROA	LEV	EFD
创业板	均值	0.029	0.015	10.685	0.175	0.093	15.686	6.678	0.265	-0.058
	中位值	0.026	0.015	10.572	0.142	0.078	15.000	6.586	0.245	0.257
	最小值	0.000	-0.523	6.532	-2.415	-0.401	6.000	-45.614	0.029	-39.542
	最大值	0.082	0.413	14.625	4.427	0.797	40.000	27.854	0.839	36.019
	标准差	0.018	0.091	0.986	0.426	0.092	4.666	7.194	0.158	5.234
	观测值	312	312	312	312	312	312	312	312	312
新三板	均值	0.036	-0.026	10.621	0.19	0.072	12.029	9.251	0.384	-0.431
	中位值	0.029	0.000	10.521	0.139	0.068	12.000	8.906	0.371	-0.115
	最小值	0.000	-0.722	7.256	-1.922	-1.629	3.000	-82.923	0.004	-39.542
	最大值	0.124	0.476	15.81	3.344	1.281	25.000	69.402	0.904	36.019
	标准差	0.028	0.092	0.926	0.413	0.149	4.738	8.438	0.187	8.751
	观测值	525	525	525	525	525	525	525	525	525
	MeanDiff	-0.007***	0.041***	0.064	-0.015	0.021**	3.657***	-2.573***	-0.119***	0.372

注: ***、**、*分别表示相关系数在1%、5%、10%的水平下显著。

5.2.3 实证检验与结果分析

1. 新三板与创业板创新投资比较

表5.11是新三板和创业板企业创新投资实证比较结果。Panel A 是基本面板的回归结果，第（1）列和第（2）列是全样本回归的结果，分别列示了不考虑控制变量和考虑控制变量的结果，发现 *ID* 的回归系数在1%的水平上都显著为正，说明在全样本中，新三板挂牌企业的创新投资高于创业板。以第（2）列结果为例进行说明，在考虑控制变量和行业时间双固定效应后，*ID* 的回归系数为0.014，且在1%的水平上显著。由于创业板企业的创新投资平均水平为0.031，因此新三板企业创新投资比创业板公司高出约为0.452（0.014/0.031），具有显著的经济意义。而且我们可以看到，*GROW* 的系数显著为正，说明成长机会越多的企业，创新投资水平越高。

第（3）列和第（4）列分别是创业板和新三板的回归结果，我们发现，在创业板中，现金流和成长机会对企业创新投资的影响显著为正，且现金流的系数大于成长机会的系数，说明创业板企业的管理者在做创新投资决策时会兼顾成长机会和现金流，但在新三板中，企业的成长机会对创新投资有显著正向作用，但现金流对创新投资没有影响。说明新三板与创业板相比，管理者更重视企业的成长机会。

为解决样本自选择带来的内生性问题，利用处置效应模型对匹配样本分析结果见 Panel B。其中第（5）列、第（6）列分别为处置效应模型第一步和第二步的结果。从第（5）列的结果可以发现，销售收入、现金流、企业年龄、企业盈利水平、企业杠杆和行业创新投资强度和行业外部融资依赖强度系数都显著，说明与创业板企业相比，新三板企业挂牌企业销售收入和现金流水平较低，企业更年轻，但盈利能力更强，杠杆率更高，对外部融资依赖程度较低的行业和创新投资强度较高的行业中，在新三板挂牌的企业更多。第（6）列结果发现，*ID* 系数为0.044，在1%水平显著，进一步证明新三板创新层企业的创新投资比创业板企业高。因为在匹配样本中，新三板和创业板的成长性已没有显著区别，因此，我们发现第（6）列虽然成长机会和现金流对创新投资的影响显著为正，但匹配样本中剔除了新三板中成长性较高的企业，所以现金流系数要大于成长机会系数，属正常情况。

表 5.11　　　　　　　　新三板和创业板企业创新投资实证比较

	Panel A：基本面板回归				Panel B：处置效应	
	IIR				ID	IIR
	全样本		创业板	新三板	匹配样本	
	(1)	(2)	(3)	(4)	(5)	(6)
ID	0.024 *** (16.500)	0.014 *** (6.863)				0.044 *** (6.076)
GROW		0.010 *** (6.234)	0.003 * (1.953)	0.011 *** (4.850)	0.024 (0.179)	0.005 ** (2.127)
CF		0.011 (0.943)	0.102 *** (7.473)	0.006 (0.672)	- 9.092 *** (- 8.644)	0.086 *** (4.612)
TIR		0.018 *** (3.970)	0.002 (0.439)	0.014 * (1.901)	- 1.083 (- 1.633)	0.023 ** (1.978)
SALE		- 0.006 *** (- 8.281)	- 0.002 *** (- 2.727)	- 0.009 *** (- 7.854)	- 0.357 *** (- 5.516)	0.001 (0.669)
AGE		0.000 (1.302)	0.000 (0.059)	0.000 (0.877)	- 0.093 *** (- 7.512)	0.001 *** (4.734)
ROA		0.000 ** (2.395)	- 0.000 ** (- 2.206)	0.000 ** (2.014)	0.161 *** (10.106)	- 0.001 *** (- 3.400)
LEV		- 0.003 (- 0.827)	0.002 (0.613)	- 0.010 (- 1.617)	3.804 *** (9.939)	- 0.046 *** (- 5.346)
EFD		0.000 *** (4.841)	0.000 ** (2.578)	0.000 *** (3.639)		
perEFD					- 0.488 ** (- 1.968)	
perIIR					0.695 *** (3.533)	
Lambda					- 0.021 *** (- 4.753)	
Fixed effect	Yes	Yes	Yes	Yes		
Observations	4531	4531	837	837	837	837
R - squared	0.268	0.336	0.214	0.271		

注：*** 、 ** 、 * 分别表示相关系数在 1% 、 5% 、 10% 的水平下显著。

以上实证检验中已使用控制年度行业固定效应，处置效应模型方法试图解决内生性问题，下面介绍使用倾向得分匹配法解决内生性的过程。

首先用 Probit 模型构造影响企业新三板挂牌的倾向性得分函数，参考高华声等（Gao，Harford and Li，2013），我们通过以下两种方法进行 Probit 回归：一是规模（$\ln(assets)$）和行业乘时间固定效应；二是用模型 1 中的解释变量和行业乘时间固定效应。然后，利用倾向得分用有放回的一对一近邻匹配得到新三板对企业创新投资的平均处置效应。结果如表 5.12 所示，两种方法得到的匹配后平均处置效应分别为 0.022 和 0.034，通过稳健标准误和 Bootstrap 标准误检验，均在 1% 水平显著。结果表明新三板的创新投资显著高于创业板。

表 5.12　　　　　　　　　　　　倾向得分匹配结果

		样本	新三板	创业板	差距	标准误	t 值	Bootstrap 标准误	p 值
IIR	方法 1	匹配前	0.053	0.031	0.022 ***	0.001	22.280	0.005	0.000
		ATT	0.046	0.025	0.022 ***	0.003	7.250		
	方法 2	匹配前	0.053	0.031	0.022 ***	0.001	22.26	0.005	0.000
		ATT	0.053	0.019	0.034 ***	0.005	6.56		

2. 投资者情绪的中介效应

上文已经证明新三板创新投资活动高于创业板，但从外部融资环境角度看，新三板较低的投资者情绪是否创新投资不利因素，我们做进一步检验。

关于投资者情绪的衡量，我们在第 4 章借鉴贝克和伍尔格勒（Baker and Wurgler，2006）的方法，通过对封闭式基金折价、换手率、IPO 数量、上市首日收益、新增投资者开户数和消费者信心指数等投资者情绪子指标构建了市场投资者情绪综合指标，但这一指标只适用于沪深交易市场，由于新三板交易规则的特殊性，很多子指标数据在新三板市场不存在，因此无法准确刻画新三板市场的投资者情绪。贝克和斯坦（Baker and Stein，2004）在《将市场流动性作为情绪指标》中强调，流动性指标是理性投资者和非理性投资者相对存在或不存在的指标，它携带着关于非理性交易者在市场中的影响力信息，高流动性是投资者高涨情绪冲击的表现，因此流动性可以作为投资者情绪的一个代理指标。而阿米胡德（Amihud，2002）构建的非流动性指标用股票的绝对日收益率与它在某段时期内的平均每日美元交易量的比率来表示，可以理解为每日股价对单位交易量的反应，这一指标既包含了股票收益率信息，又包含了交易量信息，且在大多数股票市场都可用，因此，我们用公司层面的非流动性指标作为投资者情绪的代理变量。具体计算过程见式（5.4）：

$$S_{i,t} = \ln\left(\frac{1}{D} \times \sum_{d=1}^{D_{it}} \left(\frac{|r_{itd}|}{V_{itd}} \right) \times 10^6 + 1 \right) \tag{5.4}$$

其中，r_{itd} 为企业 i 在 t 年第 d 天的个股回报率，V_{itd} 为企业 i 在 t 年第 d 天的交易金额，D_{it} 为企业 i 在 t 年的交易天数；$|r_{itd}|/V_{itd}$ 为每单位交易额引起的股票收益变化。$S_{i,t}$ 越大，说明流动性越差，投资者情绪越低迷。

同样，我们借鉴温忠麟等（2004）构建以下模型验证投资者情绪的中介效应作用。

$$IIR_{i,k,t} = \alpha + \beta ID_{i,k,t} + \gamma X_{i,k,t} + \eta_k + \xi_t + \varepsilon_{i,t} \tag{5.1}$$

$$S_{i,k,t} = \alpha + \beta_1 ID_{i,k,t} + \gamma X_{i,k,t} + \eta_k + \xi_t + \varepsilon_{i,t} \tag{5.5}$$

$$IIR_{i,k,t} = \alpha + \beta_2 ID_{i,k,t} + \beta_3 S_{i,k,t} + \gamma X_{i,k,t} + \eta_k + \xi_t + \varepsilon_{i,t} \tag{5.6}$$

其中，模型（5.1）为前文所述基本面板回归模型，模型（5.5）中的变量 X 为影响企业股票流动性的公司特征方面的控制变量，参考已有关于流动性的研究文献（Hsu，Tian and Xu，2014；郑建明、李金甜和刘琳，2018），我们将有形资产投资、公司收入、公司业绩、杠杆水平、公司年龄、股票市场价值、市账比等作为控制变量。模型（5.6）中的控制变量 X 同模型（5.1）。模型（5.1）中 ID 系数 β 为总效用，模型（5.6）中 ID 系数 β_2 是直接效用，模型（5.5）、模型（5.6）中 ID 系数 β_1 和 S 系数 β_3 的乘积是间接效用。所有模型均考虑固定时间和固定行业效应，并在公司层面进行了 Cluster 聚类处理。

表 5.13 是对投资者情绪中介效用的检验，其中第（1）列是模型（5.1）的回归结果，第（2）列、第（3）列是模型（5.5）、模型（5.6）的回归结果。第（1）列中 ID 系数 β 为 0.014，在 1% 水平上显著，第（2）列 ID 系数 β_1 为 0.346，且在 1% 水平上显著，说明新三板企业的投资者情绪显著低于创业板，第（3）列中 S 系数 β_3 显著为负，间接效应 $\beta_1\beta_3$ 为 −0.001，但其符号与直接效应 S 系数 β_2 相反，说明投资者情绪起到遮蔽效用（温忠麟和叶宝娟，2014）。对遮蔽效用进行 Sobel 检验，Sobel 检验的 Z 统计量为 −3.19，大于 5% 显著性水平上的临界值 −0.97，遮蔽效用占直接效用的比例为 7.41%。由此可得，新三板的低投资者情绪抑制了其创新投资。

表 5.13　　　　　　　　　　　投资者情绪作用机制检验

	(1) IIR	(2) S	(3) IIR
ID	0.014 *** (6.863)	0.346 *** (14.576)	0.015 *** (7.190)
S			− 0.003 *** (− 3.272)
GROW	0.010 *** (6.234)		0.010 *** (6.206)
TIR	0.018 *** (3.970)	− 0.052 (− 1.033)	0.018 *** (3.918)
SALE	− 0.006 *** (− 8.281)	− 0.076 *** (− 9.171)	− 0.006 *** (− 8.404)
AGE	0.000 (1.302)	− 0.003 (− 1.488)	0.000 (1.278)
ROA	0.000 ** (2.395)	− 0.001 (− 0.579)	0.000 ** (2.379)
LEV	− 0.003 (− 0.827)	0.225 *** (4.780)	− 0.003 (− 0.794)
CF	0.011 (0.943)		0.011 (0.943)
EFD	0.000 *** (4.841)		0.000 *** (4.894)
MVE		0.040 *** (18.930)	
MB		− 0.003 (− 1.617)	
Fixed effect	Yes	Yes	Yes
Observations	4531	4531	4531
R − squared	0.336	0.200	0.337

注：***、**、*分别表示相关系数在1%、5%、10%的水平下显著。

5.3   进一步讨论

5.3.1   管理者短视的讨论

上述研究结果表明，创业板创新投资远远小于新三板，进一步，我们讨论是否与创业板管理者短视有关。

我们参考阿查亚和徐（Acharya and Xu，2017），用真实盈余管理来测量企业的管理者短视行为。上市公司管理者会迫于短期业绩压力进行短视行为，通常其实现收益目标的方法是进行盈余管理（Healy and Wahlen，1999）。盈余管理主要包括应计盈余管理和真实盈余管理两类，其中真实盈余管理可通过改变企业潜在营运活动而影响企业的现金流。通常情况管理者更倾向真实盈余管理，因为其不容易被审计师和监管者识别（Graham，Harvey and Rajgopal，2005）。因此我们借鉴罗伊乔杜里（Roychowdhury，2006）和李增福等（2011）对真实盈余管理的测量，分别用销售操纵（DA_1）、费用操纵（DA_2）、生产操纵（DA_3）和盈余管理总水平（REM）作为管理者短视的代理变量，其值越大，说明管理者越短视。具体计算过程如下：

首先，计算正常现金流（$CFO_{i,t}$）、正常酌量性费用（$DISX_{i,t}$）和正常生产成本（$PROD_{i,t}$），如式（5.7）、式（5.8）、式（5.9）所示：

$$CFO_{i,t} = \alpha + \beta_1 (1/TA_{i,t-1}) + \beta_2 (Sales_{i,t}/TA_{i,t-1}) + \varepsilon_{i,t} \qquad (5.7)$$

$$DISX_{i,t} = \alpha + \beta_1 (1/TA_{i,t-1}) + \beta_2 (Sales_{i,t-1}/TA_{i,t-1}) + \varepsilon_{i,t} \qquad (5.8)$$

$$PROD_{i,t} = \alpha + \beta_1 (1/TA_{i,t-1}) + \beta_2 (Sales_{i,t}/TA_{i,t-1}) + \beta_3 (\Delta Sales_{i,t}/TA_{i,t-1})$$
$$+ \beta_3 (\Delta Sales_{i,t-1}/TA_{i,t-1}) + \varepsilon_{i,t} \qquad (5.9)$$

其次，用企业上述项目的真实发生值减去正常值即为异常操纵部分。真实盈余管理会导致当期异常低的经营现金净流量、异常低的酌量性费用和异常高的生产成本。因此，公司的异常经营现金净流量越低，异常酌量性费用越低，异常生产成本越高，表明公司的真实盈余管理程度就越高。为使变量方向与盈余管理方向一致，在计算销售操纵（DA_1）和费用操纵（DA_2）时用正常值减去真实发生值，使得 DA_1、DA_2、DA_3 的值越大，盈余管理越严重，企业管理者越短视。考虑到公司可能同时使用这三种真实盈余管理手段，因此设定盈余管理总水平指标即 $REM = DA_1 + DA_2 + DA_3$。

我们借鉴温忠麟等（2004）构建以下模型验证管理者短视的中介效应作用。

$$IIR_{i,k,t} = \alpha + \beta ID_{i,k,t} + \gamma X_{i,k,t} + \eta_k + \xi_t + \varepsilon_{i,t} \tag{5.1}$$

$$Y_{i,k,t} = \alpha + \beta_1 ID_{i,k,t} + \gamma X_{i,k,t} + \eta_k + \xi_t + \varepsilon_{i,t} \tag{5.10}$$

$$IIR_{i,k,t} = \alpha + \beta_2 ID_{i,k,t} + \beta_3 Y_{i,k,t} + \gamma X_{i,k,t} + \eta_k + \xi_t + \varepsilon_{i,t} \tag{5.11}$$

其中，模型（5.1）为前文所述基本面板回归模型，模型（5.10）、模型（5.11）中变量 Y 是管理者短视代理变量，包括销售操纵（DA_1）、费用操纵（DA_2）、生产操纵（DA_3）和盈余管理总水平（REM）。模型（5.10）中变量 X 为影响企业盈余管理的控制变量，我们参考已有关于盈余管理的文献（Acharya and Xu, 2017; Roychowdhury, 2006; 许文静等，2018; 周美华等，2018），将成长机会、内部现金流、有形资产投资、公司收入、公司业绩、杠杆水平、外部融资依赖、股权市场价值（MVE）、市账比（MB）等作为控制变量。模型（5.11）中变量 X 为影响企业创新投资的控制变量，具体变量与模型（5.1）同。模型（5.1）中 ID 的系数 β 为总效用，模型（5.11）中 ID 系数 β_2 是直接效用，模型（5.10）、模型（5.11）中 ID 系数 β_1 和 Y 系数 β_3 的乘积是间接效用。所有模型均考虑固定时间效应和固定行业效应，并在公司层面进行了 Cluster 聚类处理。

表 5.14 是对管理者短视中介效用的检验，其中第（1）列是模型（5.1）的回归结果，第（2）列、第（3）列是销售操纵（DA_1）的检验结果，第（4）列、第（5）列是费用操纵（DA_2）的检验结果、第（6）列、第（7）列是生产操纵（DA_3）的检验结果，第（8）列、第（9）列是盈余管理总水平（REM）的检验结果。从第（2）列、第（4）列、第（6）列、第（8）列可以看出，ID 系数 β_1 全部为负，说明新三板企业管理者短视行为远低于创业板。模型（5.1）中 ID 系数 β 为 0.013，在 1% 水平上显著，在对销售操纵（DA_1）的检验中，虽然系数 β_1、β_2 和 β_3 都显著，但 Sobel 检验的 Z 统计量为 -0.73，小于 5% 显著性水平上的临界值 -0.97，因此间接效用不显著。在对费用操纵（DA_2）的检验中，系数 β_1、β_2 显著，β_3 不显著，Sobel 检验的 Z 统计量为 1.096，大于 5% 显著性水平上的临界值 0.97，因此费用操纵的间接效用显著，中介效应占总效用的比例为 2.76%。在对生产操纵（DA_3）的检验中，系数 β_1、β_2 和 β_3 都显著，Sobel 检验的 Z 统计量为 2.58，大于 5% 显著性水平上的临界值 0.97，因此生产操纵的间接效用显著，中介效应占总效用的比例为 6.39%。最后对盈余管理总水平（DA_3）

表 5.14　管理者短视机制检验

	(1) IIR	(2) DA_1	(3) IIR	(4) DA_2	(5) IIR	(6) DA_3	(7) IIR	(8) REM	(9) IIR
ID	0.013*** (6.750)	-0.178** (-2.257)	0.013*** (6.765)	-0.718*** (-3.542)	0.012*** (6.416)	-0.117*** (-3.764)	0.012*** (6.505)	-1.012*** (-4.708)	0.012*** (6.541)
DA_1			0.0002** (2.428)						
DA_2					-0.0005 (-1.150)				
DA_3							-0.0071*** (-3.520)		
REM									-0.0003 (-1.403)
MVE		-0.012 (-0.919)		0.076*** (3.876)		-0.002 (-0.363)		0.062*** (2.678)	
MB		-0.007 (-0.927)		-0.029* (-1.804)		-0.003 (-1.644)		-0.039* (-1.951)	
GROW	0.010*** (6.037)	0.047* (1.657)	0.010*** (6.032)	-0.611*** (-5.846)	0.010*** (5.804)	0.014 (0.467)	0.010*** (6.005)	-0.551*** (-5.210)	0.010*** (5.927)

续表

	(1) IIR	(2) DA$_1$	(3) IIR	(4) DA$_2$	(5) IIR	(6) DA$_3$	(7) IIR	(8) REM	(9) IIR
CF	0.010 (0.958)	-0.618*** (-5.006)	0.010 (0.972)	0.032 (0.100)	0.010 (0.976)	-0.091 (-0.868)	0.009 (0.946)	-0.677* (-1.877)	0.010 (0.944)
TIR	0.015*** (3.255)	0.143*** (3.111)	0.015*** (3.249)	0.211 (1.318)	0.016*** (3.297)	0.047 (1.182)	0.016*** (3.416)	0.401** (2.348)	0.016*** (3.294)
SALE	-0.006*** (-7.679)	-0.026 (-0.886)	-0.006*** (-7.672)	-0.424*** (-3.373)	-0.006*** (-7.791)	-0.011 (-0.704)	-0.006*** (-7.916)	-0.461*** (-3.628)	-0.006*** (-7.781)
AGE	0.000 (0.997)	0.001 (0.314)	0.000 (0.997)	-0.004 (-0.589)	0.000 (0.989)	-0.001 (-0.909)	0.000 (0.956)	-0.005 (-0.623)	0.000 (0.991)
ROA	0.000** (2.137)	0.004 (1.109)	0.000** (2.134)	0.009 (1.091)	0.000** (2.169)	-0.006*** (-3.123)	0.000* (1.941)	0.006 (0.754)	0.000** (2.153)
LEV	-0.005 (-1.314)	0.197 (0.979)	-0.005 (-1.326)	-0.076 (-0.439)	-0.006 (-1.376)	0.137** (2.527)	-0.004 (-1.067)	0.259 (1.022)	-0.005 (-1.322)
EFD	0.000*** (4.741)	-0.002* (-1.899)	0.000*** (4.747)	0.003 (0.706)	0.000*** (4.761)	0.001* (1.894)	0.000*** (4.955)	0.003 (0.668)	0.000*** (4.755)
Fixed effect	Yes	固定	固定	固定	固定	固定	固定	固定	固定
Observations	4266	4266	4266	4266	4266	4266	4266	4266	4266
R - squared	0.326	0.300	0.326	0.207	0.327	0.322	0.332	0.282	0.326

注：***、**、* 分别表示相关系数在 1%、5%、10% 的水平下显著。

进行检验，系数 β_1、β_2 显著，β_3 不显著，但 Sobel 检验的 Z 统计量为 1.346，大于 5% 显著性水平上的临界值 0.97，因此盈余管理总水平的间接效用显著，中介效应占总效用的比例为 2.33%。

从实证结果可以发现，管理者短视的代理变量除销售操纵没有中介效用外，其余三变量都对企业创新活动有中介作用，说明新三板企业创新投资显著大于创业板企业，部分原因是由创业板管理者短视引起。

5.3.2 股权市场的融资功能讨论

上一节我们检验了外部环境—市场投资情绪对市场间企业创新投资活动的影响，发现新三板低迷的投资者情绪对企业创新投资有不利影响，可能的原因是在投资者情绪不高涨的新三板，对投资者的吸引力较差，导致新三板企业的融资渠道受阻。拉詹和津格尔斯（Rajan and Zingales，1998）认为企业对外部资金的依赖程度随着行业的不同而变化，对外部融资依赖程度不同的企业，资本市场对其创新投资的影响作用也不同。因此我们根据企业对外部融资依赖程度的不同，将企业分为外部融资依赖（EFD）组和内部融资依赖（IFD）组，用模型（5.1）对两个市场分组样本进行检验，并在处置效应模型中的第二步式（5.3）中加入 ID 和 perEFD 的交乘项，以探究资本市场融资功能对企业创新投资的影响差异。

表 5.15 的 Panel A 是基本回归结果，Panel B 是处置效应结果。Panel A 的第（1）列、第（2）列分别列示了全样本内部融资依赖分组和外部融资依赖分组的回归结果，ID 的系数分别为 0.02 和 0.01，且在 1% 水平上显著。我们可以看出在全样本中，相对外部融资依赖的企业来说，内部融资依赖的企业在新三板的创新投资更多。从 Panel B 第（4）列的结果发现，加入交乘项后，ID 的系数依然显著为正，但是交乘项 θ 的系数为 -0.012，且在 5% 水平显著，说明新三板对企业创新投资的影响确实与企业外部融资依赖程度有关，外部融资依赖越高的企业在新三板上市越不利于其进行创新投资活动。

表 5.16 是倾向得分匹配法解决内生性结果，从分组检验的结果可以看出，两组样本匹配后的平均处置效应都在 1% 水平上显著，但内部融资依赖企业的平均处置效应是外部融资依赖企业的 2 倍，说明内部融资依赖企业在新三板的创新投资更多。

表 5.15　　　　　　　　　　外部融资依赖与企业创新投资

	Panel A		Panel B（交乘）	
	(1) IIR（IFD）	(2) IIR（EFD）	(3) ID	(4) IIR
ID	0.020 *** (5.764)	0.010 *** (4.656)		0.047 *** (6.472)
ID × perEFD				−0.012 ** (−2.337)
GROW	0.007 *** (2.929)	0.011 *** (5.812)	0.024 (0.179)	0.005 ** (2.029)
CF	0.004 (0.549)	0.065 *** (4.119)	−9.092 *** (−8.644)	0.079 *** (4.232)
TIR	0.016 (1.491)	0.002 (0.367)	−1.083 (−1.633)	0.021 * (1.897)
SALE	−0.007 *** (−5.752)	−0.005 *** (−6.240)	−0.357 *** (−5.516)	0.000 (0.342)
AGE	0.001 ** (2.073)	−0.000 (−0.282)	−0.093 *** (−7.512)	0.001 *** (4.570)
ROA	0.000 (1.268)	0.000 (0.478)	0.161 *** (10.106)	−0.001 *** (−2.993)
LEV	−0.007 (−1.031)	0.005 (0.985)	3.804 *** (9.939)	−0.042 *** (−4.811)
perEFD			−0.488 ** (−1.968)	
perIIR			0.694 *** (3.529)	
Lambda				−0.019 *** (−4.329)
Fixed effect	Yes	Yes		
Observations	1815	2715		
R − squared	0.343	0.314	836	836

注：***、**、*分别表示相关系数在1%、5%、10%的水平下显著。

表5.16 内生性检验

		样本	新三板	创业板	差距	标准误	t 值	Bootstrap	p 值
IIR （IFD）	方法1	匹配前	0.060	0.033	0.027 ***	0.002	14.20	0.006	0.000
		ATT	0.052	0.025	0.028 ***	0.004	6.62		
	方法2	匹配前	0.060	0.033	0.027 ***	0.002	14.2	0.007	0.000
		ATT	0.060	0.018	0.042 ***	0.006	6.47		
IIR （EFD）	方法1	匹配前	0.047	0.030	0.017 ***	0.001	15.52	0.007	0.032
		ATT	0.038	0.024	0.014 ***	0.004	2.99		
	方法2	匹配前	0.047	0.030	0.017 ***	0.001	15.48	0.005	0.000
		ATT	0.046	0.023	0.023 ***	0.001	5.22		

5.3.3 结果讨论

我们以2013～2017年创业板企业和新三板企业为研究样本，实证比较了两个资本市场企业创新投资的差异。研究结果表明，新三板创新层企业的创新投资比创业板更多。从外部融资环境来看，新三板低迷的投资者情绪不利于投资者在新三板的投资，导致新三板企业融资受限，制约了新三板企业的创新投资。通过对管理者短视作用机制的检验，我们发现，与创业板相比，新三板管理者短视程度更低，在进行创新投资决策时更注重企业长远发展。但进一步依据企业是否依赖外部融资的分组后，发现对外部融资依赖越高的企业在新三板挂牌越不利于其进行创新投资活动，证实了新三板的融资功能不及创业板。

我们的研究结果表明，新三板创新层在服务中小创新企业中发挥了重要作用，为新三板进一步设立"基础层—创新层—精选层"的三层市场结构，激活新三板创新活力提供了实证依据。新三板改革后已实施的《股票交易规则》和《投资者适当性管理规则》，已经在精选层引入连续竞价交易方式，并降低了新三板创新层投资者适当性门槛，这些改革举措无疑可以通过提高市场投资者情绪来促进新三板企业创新，与本研究的结论构成相互支持和验证的关系。另外，对于价值型投资者而言，随着新三板投资者准入门槛的降低，将面临更多的投资机会。从长远看新三板创新层企业具有较高的发展潜力和投资价值，应考虑将此类公司纳入投资组合配置中。

5.4 本 章 小 结

本章通过对我国多层次资本市场特征的分析，发现创业板和新三板定位最相似，是不断助推中小企业创新发展的两个重要资本市场。通过对两个市场的比较，我们发现决定企业创新投资的重要因素——企业成长机会有差异，且两个市场由于在挂牌制度、交易制度、投资者适当性管理和信息披露要求等方面的不同导致影响企业创新投资的关键外部环境——投资者情绪也不同，即新三板企业的成长性更高，但所处市场的投资者情绪较低。

基于两个市场的企业成长机会与市场投资者情绪的不协调现象，我们通过建立固定效应面板回归和处置效应模型，实证比较了新三板和创业板创新投资的差异，发现成长机会更大的新三板企业，其创新投资也更高，通过跨市场比较进一步证实了企业创新投资的决定要素为企业成长机会。通过投资者情绪中介效应检验，我们发现，新三板低迷的投资者情绪不利于其为创新进行融资，会阻碍其创新投资。

进一步讨论中，我们通过构建中介效应模型对管理者短视作用机制进行了检验，证实了新三板创新投资高于创业板的原因在于新三板管理者更重视企业的长远发展，而创业板高管与其相比更短视。我们通过将企业划分为外部融资依赖组和内部融资依赖组，对两个市场融资功能进行了检验，结果表明新三板中有外部融资依赖的企业创新投资受限。

第6章

成长机会、投资者情绪与企业创新投资：机构投资者监督视角

第5章的研究结果表明，企业创新投资活动在各板块之间存在显著差异，且证明了投资者情绪在上述差异中的机制作用。那么，分别各板块的情况进行研究，投资情绪越高涨是否对企业创新投资越有利？如果投资者情绪抑制了企业创新投资，那么和目前新三板提高流动性、降低个人投资者准入门槛的改革实践是否相悖？如果投资者情绪促进了企业创新投资，已经过高的创业板投资者情绪是否仍需要相关法规的出台予以调整？本章首先通过将成长机会、投资者情绪和创新投资纳入一个模型中，分板块研究成长机会和投资者情绪对创新投资的影响，接着从机构投资者监督视角，试图挖掘不同板块中，机构投资者对投资者情绪影响创新投资的治理效应机制，以期为资本市场监管者通过相关制度安排，通过发挥机构投资者治理效应，实现投资者情绪促进企业创新投资的目的。

6.1 投资者情绪影响企业创新投资的利弊分析与实证检验

6.1.1 投资者情绪影响创新投资的利弊分析

投资者情绪影响企业创新投资的作用具有两面性。

一方面，投资者情绪主要是由"噪音交易者"引起（Barberis, Shleifer and Vishny, 1998；De Long, Shleifer and Summers et al., 1990），当投资者情绪高涨时，市场中的非理性投资者增加（王美今和孙建军，2004）。"噪音交易者"的频繁交易为大型收购提供了伪装，使其收购更易获利（Kyle and Vila，1991）。由于管理者和投资者之间的信息不对称，来自资本市场的压力使管理者不得不牺牲长期有价值的投资（如创新投资）来维持股价的最大化，以避免公司被恶意收购（Stein，1989）。因此管理者为避免公司被收购后职位受到威胁，会更倾向于能稳定股价的短期投资。投资者情绪高涨时，更易吸引关注短期收益的投机型机构投资者，而他们的频繁交易会导致公司股票被误定价和创新投资不足（Porter，1992）。与此同时，由于内外部信息的不对称，掌握内部信息的高管在公司股价被高估时极易滋生机会主义行为，进而通过寻求企业短期效益的最大化来刺激股价的非理性攀升，从而实现持有股份的高位套现（杜金岷和任玎，2019），并且过高的投资者情绪引发的股价高估还会使得那些薪酬与股价相联系的高管因过度关注股价的短期涨跌和公司的短期业绩，而忽视对企业创新的投入（Coles，Daniel and Naveen，2006；吕长江和郑慧莲，2009）。因此，高管会为了迎合短期收益目标，使公司能在资本市场有好的业绩表现，因而没有进行创新投资的动力（Acharya and Lambrecht，2015；Graham，Harvey and Rajgopal，2005）。

另一方面，高涨的投资者情绪反映了投资者对未来股票总体保持乐观，股票价格高于股票的基本面，反映到个股层面则会吸引更多投资者进行投资，因此理性的管理者在此时可以用较低的成本筹集到公司所需的资金。投资者情绪高涨可以通过提高股票流动性吸引大股东进入，大股东发挥对管理者的监督作用，促进企业创新。市场流动性越高，大股东监督意愿越强，他们通过知情交易获得的收益可以覆盖监督的成本。

与创业板相比，由于严格的市场准入门槛，新三板投资者主要以机构投资者为主（王聪，2018），而机构投资者专业性更强，在投资活动中表现得更理性（Daniel，Grimblatt and Titman et al.，1997）。即便是个人投资者，相对创业板，新三板的个人投资者也是资金实力比较雄厚的大户，这些投资者利用知情交易成为公司股东，参股目的很大程度上来源于对初创企业的培育增值，而非在二级市场股票交易中获取短期利益。新三板的投资者情绪高涨时，能够吸引更多对新三板企业未来价值持乐观信念的大股东，大股东的监督作用进一步促进企业创新投资。加之，新三板创始人两职合一的现象很普遍，管理者创新投资行为不会被高投资者情绪引起的股价波动所影响，反而会因为投资者情绪的提高能吸引更多投资者而愈发关注公司的长期发展。

与新三板相比，创业板每户投资者的持有股票数量远远小于新三板每户投资者持有数量，创业板的投资者主要以个人投资者为主。由于各类信息资源的匮乏，个人投资者往往凭借个体经验和经历做判断，且容易受到不同渠道小道消息的影响，做出冲动决策并频繁交易。在创业板，个人投资者大多属于"噪音交易者"，他们的非理性投资行为主要受到股票价格变化驱动，而非基于企业基本面信息。"噪音交易者"的频繁交易引起投资者情绪的高涨，而公司高管为了迎合这部分投资者，会进行更多短期可获利的投资，而不得不放弃长期不确定性的创新投资项目。另外，股权激励在创业板上市公司是一种普遍现象，是创业板企业留住人才和提升业绩的工具。当市场投资者情绪高涨时，管理层薪酬与股价的高度关联可能导致高管过于关注股价的短期涨跌和公司的短期业绩，并忽视对企业创新的投入。

基于上述分析，我们提出以下假设：

假设6.1：在新三板市场，投资者情绪越高涨，创新投资活动越多。

假设6.2：在创业板市场，投资者情绪越高涨，创新投资活动越少。

6.1.2 模型设定与变量定义

本章的研究样本与第5章相同，依然以2013~2017年844家新三板创新层挂牌公司与669家创业板上市公司为研究对象。

为验证上节提出的假设，我们构建了如下模型：

$$IIR_{i,k,t} = \alpha + \beta_1 ID_{i,k,t} + \beta_2 S_{i,k,t} + \beta_3 ID_{i,k,t} S_{i,k,t} + \beta_4 GROW_{i,k,t}$$
$$+ \gamma X_{i,k,t} + \eta_k + \xi_t + \varepsilon_{i,t} \tag{6.1}$$

其中，因变量 $IIR_{i,k,t}$ 为企业的创新投资，自变量 $S_{i,k,t}$ 是公司层面的投资者情绪，$ID_{i,k,t}$ 为哑变量，如果企业为新三板创新层挂牌企业，则为1，否则为0，$GROW_{i,k,t}$ 代表企业成长机会，$X_{i,k,t}$ 为影响企业创新投资活动的其他控制变量，其中包括有形资产投资、公司收入、内部现金流、公司年龄、公司业绩、杠杆水平、外部融资依赖。η_k 控制了固定行业效应，ξ_t 控制了固定时间效应。同时，为避免公司层面的聚集效应对标准误的影响，回归中在公司层面进行了 Cluster 处理。

模型（6.1）中涉及的变量计量方法与第5章相同。

6.1.3 实证结果与分析

1. 基本回归结果

表6.1是模型（6.1）的混合回归结果。第（1）~（3）列是全样本的回

归结果，从第（1）列的结果可以看出，投资者情绪与创新投资正相关，高涨的投资者情绪可以促进企业创新投资。第（2）列 ID 的系数为正，说明新三板创新层企业的创新投资活动高于创业板。从第（3）列的结果我们发现，ID 和投资者情绪交乘项为负，说明新三板企业投资者情绪越高，其创新投资越高，ID 为 0 时，投资者情绪系数显著为正，说明创业板企业投资者情绪与创新投资成反比。为进一步检验不同市场中，投资者情绪对创新投资的影响，我们将全样本分为新三板和创业板两个分样本，在第（4）列对创业板的回归中，投资者情绪系数是 0.011，且在 5% 水平显著为正，投资者情绪每变动一个方差（0.117），企业创新投资下降 0.1%，创业板企业的创新投资均值为 3.1%，因此意味着 4.1% 的下降，具有显著的经济意义。在第（5）列对新三板的回归中，投资者情绪系数为 −0.004，且在 1% 水平上显著，投资者情绪每变动一个方差（0.598），企业创新投资上升 0.1%，新三板企业的创新投资均值为 5.3%，因此意味着 4.5% 的上升，具有显著的经济意义。由此说明，投资者情绪对企业创新投资的影响因所属资本市场的不同存在差异，在投资者情绪较低的新三板，投资者情绪的提高能促进企业创新投资，而在创业板，过高的投资者情绪对企业创新投资是抑制作用。

　　表 6.2 是模型（6.1）的面板回归结果。第（1）列、第（2）列是分别不考虑控制变量和考虑控制变量的全样本回归，结果表明 ID 和投资者情绪交乘项分别为 −0.021 和 −0.014，说明新三板企业的流动性与创新投资呈正相关，与表 6.1 结论一致。进一步，我们分别看第（3）列、第（4）列新三板的回归结果和第（5）列、第（6）列创业板的回归结果，发现无论是否考虑控制变量，新三板企业的创新投资与投资者情绪正相关，且在 1% 水平上显著，而创业板企业的创新投资与投资者情绪则相反，这种关系在 1% 水平上显著。因此，从表 6.1 和表 6.2 的实证结果我们验证了假设 6.1 和假设 6.2 的成立。

表 6.1　　　　　　　　　投资者情绪与企业创新投资（混合回归）

变量	全样本			ID = 0	ID = 1
	(1) IIR	(2) IIR	(3) IIR	(4) IIR	(5) IIR
S	− 0.002 * （− 1.702）	− 0.004 *** （− 3.285）	0.010 ** （2.212）	0.011 ** （2.543）	− 0.004 *** （− 3.344）

续表

变量	全样本			ID = 0	ID = 1
	(1) IIR	(2) IIR	(3) IIR	(4) IIR	(5) IIR
ID		0.013*** (5.835)	0.014*** (6.057)		
ID × S			-0.014*** (-3.109)		
GROW	0.012*** (6.305)	0.011*** (5.926)	0.011*** (5.974)	0.005** (2.486)	0.011*** (4.337)
CF	0.010 (1.017)	0.015 (1.196)	0.015 (1.200)	0.098*** (6.720)	0.011 (1.102)
TIR	0.017*** (3.544)	0.021*** (4.254)	0.021*** (4.294)	0.004 (1.047)	0.022** (2.467)
SALE	-0.010*** (-14.197)	-0.007*** (-9.022)	-0.007*** (-8.869)	-0.002*** (-2.587)	-0.010*** (-8.687)
AGE	-0.000 (-0.680)	0.000 (0.562)	0.000 (0.579)	-0.000 (-0.493)	0.000 (0.655)
ROA	0.001*** (3.552)	0.000* (1.884)	0.000* (1.835)	-0.000** (-2.206)	0.000 (1.484)
LEV	-0.005 (-1.286)	-0.016*** (-3.653)	-0.016*** (-3.693)	-0.005 (-1.213)	-0.027*** (-4.086)
EFD	0.000*** (6.105)	0.000*** (6.356)	0.000*** (6.382)	0.000*** (3.449)	0.000*** (5.434)
Year dummies	included	included	included	included	included
观测值	4531	4531	4531	2284	2247
R - squared	0.200	0.215	0.216	0.144	0.159

注：***、**、*分别表示相关系数在1%、5%、10%的水平下显著。

表6.2　　　　　　　　　投资者情绪与创新投资（面板回归）

变量	全样本		ID = 0		ID = 1	
	(1) IIR	(2) IIR	(3) IIR	(4) IIR	(5) IIR	(6) IIR
S	0.017*** (3.693)	0.010** (2.462)	0.017*** (4.182)	0.010*** (2.694)	-0.003*** (-2.981)	-0.004*** (-3.489)
ID	0.026*** (16.729)	0.015*** (7.441)				
ID × S	-0.021*** (-4.468)	-0.014*** (-3.273)				
GROW		0.010*** (6.259)		0.004** (2.077)		0.011*** (4.824)
CF		0.011 (0.946)		0.100*** (7.315)		0.006 (0.670)
TIR		0.018*** (3.962)		0.002 (0.594)		0.014* (1.931)
SALE		-0.006*** (-8.234)		-0.002** (-2.424)		-0.009*** (-8.021)
AGE		0.000 (1.300)		0.000 (0.090)		0.000 (0.857)
ROA		0.000** (2.332)		-0.000** (-2.290)		0.000** (1.968)
LEV		-0.003 (-0.829)		0.002 (0.422)		-0.010 (-1.531)
EFD		0.000*** (4.922)		0.000*** (2.639)		0.000*** (3.720)
Fixed effect	yes	yes	yes	yes	yes	yes
观测值	4531	4531	2284	2284	2247	2247
R – squared	0.280	0.347	0.190	0.294	0.245	0.320

注：***、**、*分别表示相关系数在1%、5%、10%的水平下显著。

2. 内生性

为避免遗漏变量以及反向因果关系对结果造成的偏差，我们通过固定效应模型和工具变量法对结果进行内生性检验。其中固定效应的结果如上文所示，下面主要介绍工具变量法。我们借鉴方、诺伊和蒂斯（Fang，Noe and Tice，2009）的方法，选取同一行业两个规模（分别选取资产规模和市值规模）接近公司的投资者情绪平均值作为该公司投资者情绪的外生工具变量。表 6.3 是内生性检验结果，其中第（1）~（3）列和第（4）~（5）列分别是按总资产规模和市场规模匹配得到的工具变量。从 Kleibergen - Paaprk LM Statistic 和 Kleibergen - Paaprk Wald F Statistic 的统计量结果来看，工具变量拒绝了不可识别假设和弱识别假设，说明工具变量合理。从表 6.3 的实证结果可以发现，内生性检验结果与主回归结果一致。

3. 稳健性检验

我们通过更换样本研究期间、更换检验方法、更换因变量、增加控制变量等方式对结果的稳健性进行了进一步检验。

首先，由于创新层分层政策在 2016 年实施，对进入创新层企业的筛选条件只追溯到 2014 年，因此为消除 2013 年两个市场企业的可比性差等疑虑，我们选取 2014~2017 年数据重新进行了检验，结果见表 6.4。其次，考虑到被解释变量创新投资中存在零值现象，我们参考朱沆等（2016）、杨赛楠等（2020）重新选取 Tobit 模型对样本进行检验，结果见表 6.5。再次，我们将因变量创新投资的计量换成传统的 R&D 投资进行检验，结果见表 6.6。最后，我们在原有控制变量的基础上增加了市场价值（MVE）、市账比（MB）、公司股权性质（OWNER）、公司所在省份（PRO）等控制变量，结果见表 6.7。

从表 6.4、表 6.5 的稳健性检验结果我们可以看出，无论是改变样本时间还是更换回归模型，ID 和投资者情绪交乘项依然显著为负，说明新三板投资者情绪越高，其创新投资越高，ID 为 0 时，投资者情绪系数显著为正，说明创业板企业投资者情绪与创新投资成反比。将全样本分为两个分样本检验后，创业板企业创新投资与投资者情绪显著负相关，新三板企业创新投资与投资者情绪显著正相关，结果稳健。表 6.6 和表 6.7 的结果也表明，结果稳健。

表 6.3　　　　　　　　内生性检验（工具变量法）

变量	总资产匹配			总市值匹配		
	（1）全样本	（2）$ID=0$	（3）$ID=1$	（4）全样本	（5）$ID=0$	（6）$ID=1$
S	0.004 (0.815)	0.010 ** (2.091)	- 0.005 *** (- 2.718)	0.010 ** (2.261)	0.012 *** (2.875)	- 0.004 * (- 1.807)
ID	0.014 *** (8.321)			0.014 *** (8.138)		
$ID \times S$	- 0.010 * (- 1.812)			- 0.014 *** (- 2.896)		
TIR	0.021 *** (4.007)	0.004 (0.929)	0.022 ** (2.254)	0.021 *** (4.047)	0.004 (0.956)	0.022 ** (2.255)
$SALE$	- 0.007 *** (- 12.504)	- 0.002 *** (- 4.111)	- 0.010 *** (- 12.096)	- 0.007 *** (- 12.429)	- 0.002 *** (- 4.057)	- 0.010 *** (- 12.043)
$GROW$	0.011 *** (5.968)	0.005 ** (2.485)	0.011 *** (4.363)	0.011 *** (6.014)	0.005 ** (2.511)	0.011 *** (4.380)
CF	0.015 (1.187)	0.098 *** (6.946)	0.011 (1.082)	0.015 (1.188)	0.097 *** (6.933)	0.011 (1.082)
AGE	0.000 (0.806)	- 0.000 (- 0.796)	0.000 (0.927)	0.000 (0.828)	- 0.000 (- 0.788)	0.000 (0.932)
ROA	0.000 * (1.901)	- 0.000 ** (- 2.389)	0.000 (1.560)	0.000 * (1.900)	- 0.000 ** (- 2.408)	0.000 (1.577)
LEV	- 0.016 *** (- 4.850)	- 0.005 * (- 1.740)	- 0.027 *** (- 5.398)	- 0.016 *** (- 4.886)	- 0.005 * (- 1.800)	- 0.027 *** (- 5.426)
EFD	0.000 *** (6.285)	0.000 *** (3.425)	0.000 *** (5.317)	0.000 *** (6.265)	0.000 *** (3.438)	0.000 *** (5.285)
Kleibergen – Paaprk LM Statistic	81.405	16.467	76.836	86.636	11.470	82.351
Kleibergen – Paaprk Wald F Statistic	83.413	34.837	155.388	95.145	67.645	179.044
观测值	4531	2284	2247	4531	2284	2247
R – squared	0.216	0.139	0.154	0.216	0.139	0.154

注：***、**、* 分别表示相关系数在 1%、5%、10% 的水平下显著。

表 6.4 稳健性检验 1

变量	混合回归 IIR			面板回归 IIR		
	(1) 全样本	(2) ID=0	(3) ID=1	(4) 全样本	(5) ID=0	(6) ID=1
S	0.013 *** (5.866)	0.011 ** (2.552)	-0.004 *** (-3.314)	0.015 *** (7.262)	0.010 *** (2.755)	-0.004 *** (-3.427)
ID	0.009 ** (2.089)			0.010 ** (2.363)		
ID×S	-0.013 *** (-2.902)			-0.013 *** (-3.120)		
TIR	0.023 *** (3.995)	0.002 (0.496)	0.029 *** (2.861)	0.019 *** (3.682)	0.001 (0.294)	0.017 * (1.927)
SALE	-0.007 *** (-8.805)	-0.002 ** (-2.460)	-0.010 *** (-8.858)	-0.006 *** (-8.271)	-0.002 ** (-2.545)	-0.009 *** (-7.987)
GROW	0.011 *** (5.958)	0.005 ** (2.371)	0.011 *** (4.378)	0.010 *** (6.271)	0.003 * (1.957)	0.011 *** (4.904)
CF	0.013 (1.178)	0.094 *** (6.568)	0.009 (1.053)	0.010 (0.901)	0.097 *** (7.187)	0.005 (0.632)
AGE	0.000 (0.468)	-0.000 (-0.413)	0.000 (0.532)	0.000 (1.213)	0.000 (0.236)	0.000 (0.759)
ROA	0.000 ** (1.973)	-0.000 * (-1.819)	0.000 (1.616)	0.000 ** (2.501)	-0.000 * (-1.819)	0.000 ** (2.062)
LEV	-0.017 *** (-3.938)	-0.005 (-1.166)	-0.027 *** (-4.111)	-0.004 (-1.026)	0.002 (0.515)	-0.010 (-1.580)
EFD	0.000 *** (6.096)	0.000 *** (3.306)	0.000 *** (5.320)	0.000 *** (4.602)	0.000 ** (2.351)	0.000 *** (3.574)
Year dummies	included	included	included			
Fixed effect				yes	yes	yes
观测值	4170	1969	2201	4170	1969	2201
R-squared	0.210	0.158	0.154	0.343	0.313	0.316

注: *** 、 ** 、 * 分别表示相关系数在1%、5%、10%的水平下显著。

表6.5　　　　　　　　　　　　　　　稳健性检验2

变量	混合 Tobit IIR			面板 Tobit IIR		
	（1）全样本	（2）ID = 0	（3）ID = 1	（4）全样本	（5）ID = 0	（6）ID = 1
S	0.010 ** (2.311)	0.011 ** (2.591)	− 0.005 *** （− 3.583）	0.007 * (1.726)	0.006 *** (2.642)	− 0.002 * （− 1.913）
ID	0.013 *** (5.630)			0.010 *** (5.356)		
ID × S	− 0.015 *** （− 3.224）			− 0.009 ** （− 2.221）		
TIR	0.021 *** (4.156)	0.004 (0.988)	0.022 ** (2.377)	0.013 *** (4.315)	0.011 *** (4.947)	0.009 (1.407)
SALE	− 0.007 *** （− 8.651）	− 0.003 ** （− 2.521）	− 0.011 *** （− 8.573）	− 0.007 *** （− 10.486）	− 0.002 *** （− 2.678）	− 0.010 *** （− 9.858）
GROW	0.012 *** (5.802)	0.005 *** (2.664)	0.011 *** (3.953)	0.010 *** (9.597)	0.004 *** (3.928)	0.011 *** (6.117)
CF	0.015 (1.235)	0.097 *** (6.566)	0.012 (1.174)	0.017 *** (6.238)	0.095 *** (13.617)	0.014 *** (3.609)
AGE	0.000 (0.630)	− 0.000 （− 0.465）	0.000 (0.722)	0.000 (1.059)	0.000 (0.596)	− 0.000 （− 0.061）
ROA	0.000 * (1.865)	− 0.000 ** （− 2.063）	0.000 (1.537)	0.000 *** (4.757)	− 0.001 *** （− 6.284）	0.000 *** (3.851)
LEV	− 0.017 *** （− 3.864）	− 0.006 （− 1.406）	− 0.029 *** （− 4.123）	− 0.005 * （− 1.687）	− 0.002 （− 0.602）	− 0.016 *** （− 2.878）
EFD	0.000 *** (6.597)	0.000 *** (3.556)	0.001 *** (5.761)	0.000 *** (6.299)	0.000 ** (2.056)	0.000 *** (5.285)
Year dummies	included	included	included			
Pseudo R^2	− 0.066	− 0.033	− 0.057			
LR chi − square				1781.57	1157.48	723.89
观测值	4353	2233	2120	4353	2233	2120

注：*** 、** 、* 分别表示相关系数在1%、5%、10%的水平下显著。

表 6.6   稳健性检验 3

变量	混合回归 R&D			面板回归 R&D		
	(1) 全样本	(2) ID = 0	(3) ID = 1	(4) 全样本	(5) ID = 0	(6) ID = 1
S	0.011 ** (2.573)	0.011 *** (2.808)	−0.003 ** (−2.018)	0.010 ** (2.244)	0.011 *** (2.587)	−0.003 ** (−2.261)
ID	0.020 *** (8.580)			0.018 *** (7.314)		
ID × S	−0.013 *** (−3.058)			−0.013 *** (−2.851)		
TIR	0.010 ** (2.191)	−0.001 (−0.351)	0.002 (0.283)	0.013 *** (2.663)	0.000 (0.044)	0.011 (1.194)
SALE	−0.007 *** (−7.363)	−0.002 *** (−2.663)	−0.010 *** (−7.000)	−0.008 *** (−8.237)	−0.003 *** (−2.835)	−0.011 *** (−7.920)
GROW	0.013 *** (6.677)	0.003 * (1.765)	0.014 *** (5.449)	0.014 *** (6.580)	0.004 ** (2.159)	0.015 *** (5.193)
CF	−0.002 (−0.181)	0.073 *** (5.511)	−0.006 (−1.024)	0.003 (0.253)	0.073 *** (5.059)	−0.001 (−0.098)
AGE	0.000 (1.503)	−0.000 (−0.457)	0.000 (1.494)	0.000 (0.987)	−0.000 (−0.997)	0.000 (1.223)
ROA	0.000 *** (3.074)	0.000 (0.424)	0.000 ** (1.981)	0.000 ** (2.456)	0.000 (0.225)	0.000 (1.493)
LEV	−0.007 (−1.588)	0.002 (0.467)	−0.015 ** (−2.173)	−0.021 *** (−4.446)	−0.005 (−1.177)	−0.035 *** (−4.777)
EFD	0.000 *** (4.075)	0.000 ** (2.332)	0.000 *** (2.883)	0.000 *** (5.381)	0.000 *** (3.328)	0.000 *** (4.397)
Year dummies	included	included	included			
Fixed effect				yes	yes	yes
观测值	4530	2282	2245	4531	2284	2247
R − squared	0.353	0.311	0.308	0.233	0.160	0.148

注：*** 、** 、* 分别表示相关系数在 1% 、5% 、10% 的水平下显著。

表 6.7   稳健性检验 4

变量	混合回归 IIR			面板回归 IIR		
	(1) 全样本	(2) ID = 0	(3) ID = 1	(4) 全样本	(5) ID = 0	(6) ID = 1
S	0.009 ** (2.152)	0.010 *** (2.654)	−0.003 *** (−3.042)	0.008 * (1.756)	0.011 ** (2.528)	−0.004 *** (−3.053)
ID	0.016 *** (6.463)			0.015 *** (5.644)		
ID × S	−0.013 *** (−2.795)			−0.012 ** (−2.518)		
TIR	0.018 *** (3.954)	0.002 (0.429)	0.015 ** (2.059)	0.021 *** (4.287)	0.003 (0.788)	0.023 *** (2.614)
SALE	−0.005 *** (−5.914)	−0.000 (−0.327)	−0.008 *** (−6.881)	−0.006 *** (−6.605)	−0.001 (−0.470)	−0.010 *** (−7.616)
GROW	0.010 *** (6.101)	0.003 ** (2.068)	0.010 *** (4.525)	0.011 *** (5.959)	0.005 ** (2.386)	0.011 *** (4.151)
CF	0.010 (0.965)	0.103 *** (7.470)	0.004 (0.603)	0.013 (1.218)	0.103 *** (6.940)	0.009 (1.087)
AGE	0.000 (1.441)	0.000 (0.023)	0.000 (1.048)	0.000 (0.680)	−0.000 (−0.478)	0.000 (0.777)
ROA	0.000 ** (2.173)	−0.001 *** (−3.613)	0.000 ** (2.018)	0.000 * (1.672)	−0.001 *** (−3.815)	0.000 (1.555)
LEV	−0.007 (−1.639)	−0.005 (−1.024)	−0.012 * (−1.854)	−0.020 *** (−4.425)	−0.012 *** (−2.803)	−0.030 *** (−4.383)
EFD	0.000 *** (4.743)	0.000 *** (2.722)	0.000 *** (3.512)	0.000 *** (6.301)	0.000 *** (3.560)	0.000 *** (5.324)
MB	0.000 (1.257)	0.001 *** (4.004)	0.000 (0.794)	0.001 * (1.901)	0.001 *** (5.348)	0.001 (1.171)
MVE	−0.001 ** (−2.027)	0.000 (0.038)	−0.000 (−1.111)	−0.001 ** (−2.088)	0.000 (0.013)	−0.000 (−1.360)

续表

变量	混合回归 IIR			面板回归 IIR		
	(1) 全样本	(2) ID = 0	(3) ID = 1	(4) 全样本	(5) ID = 0	(6) ID = 1
OWNER	−0.001 (−1.215)	−0.000 (−0.106)	−0.002 (−1.469)	−0.001 (−0.918)	−0.000 (−0.543)	−0.001 (−0.431)
PRO	−0.000** (−2.056)	−0.000** (−2.137)	−0.000 (−0.920)	−0.000*** (−3.134)	−0.000*** (−3.263)	−0.000* (−1.679)
Year dummies	included	included	included			
Fixed effect				Yes	Yes	Yes
观测值	4501	2282	2216	4502	2284	2218
R − squared	0.352	0.317	0.324	0.228	0.190	0.166

注：*** 、** 、* 分别表示相关系数在1%、5%、10%的水平下显著。

6.1.4 进一步讨论

已有研究发现，当投资者情绪高涨时，高管可能为了维持股价，在外部股东压力下做出迎合市场预期的投资，那么，新三板和创业板的创新投资是否存在高管迎合？我们进行进一步探讨。盈余管理迎合理论认为高管对投资者的频繁交易和情绪的迎合有时会体现在迎合性的盈余管理（Borwn, Fazzari and Petersen, 2009；Porter, 1992）。一般认为，高管的向上盈余管理是为了迎合投资者，因此我们根据盈余管理方向对样本进行分组，将盈余管理水平大于0的企业划分到高管有迎合倾向的组，赋值1，将盈余管理水平小于0的企业划分到高管无迎合倾向的组，赋值0。盈余管理水平我们分别用总水平（REM）、销售操纵（DA_1）、费用操纵（DA_2）、生产操纵（DA_3）来衡量，具体计算过程见第5章。

表6.8~表6.11是对投资者情绪高管迎合渠道的检验结果。从检验结果可以看出，除了在表6.9的新三板中，在高管有迎合倾向的组中，投资者情绪对创新投资的影响显著，其他检验中，无论是在新三板还是在创业板，在高管有迎合倾向的组，投资者情绪对创新投资的影响都不显著。这一结果表明，高管不会为了迎合市场投资情绪进行创新投资，这是因为创

新投资的高度不确定性、风险性和收益滞后性特点，使得高管通过迎合短期投资者需要达到维持或推高短期股价的目的在创新投资中不会有显著效果。

表 6.8　　投资者情绪高管迎合渠道检验（盈余管理总水平分组）

变量	Panel A：ID = 1		Panel A：ID = 0	
	（1）REM = 0	（2）REM = 1	（3）REM = 0	（4）REM = 1
	IIR	IIR	IIR	IIR
S	−0.004 *** （−3.980）	−0.001 （−0.088）	0.010 ** （2.568）	0.004 （0.325）
TIR	0.011 （1.139）	0.001 （0.048）	0.000 （0.008）	0.014 （1.291）
SALE	−0.009 *** （−7.879）	−0.007 *** （−2.617）	−0.002 ** （−2.407）	−0.000 （−0.004）
GROW	0.010 *** （3.564）	0.016 *** （3.159）	0.003 （1.636）	0.006 （1.499）
CF	0.003 （0.446）	0.169 *** （3.593）	0.100 *** （7.100）	0.125 *** （2.785）
AGE	0.000 （0.487）	0.001 （1.461）	0.000 （0.305）	−0.000 （−1.064）
ROA	0.000 ** （2.321）	−0.002 *** （−3.050）	−0.000 * （−1.908）	−0.001 * （−1.889）
LEV	−0.006 （−0.959）	−0.020 （−1.297）	0.004 （0.903）	−0.018 （−1.619）
EFD	0.000 *** （3.506）	0.000 （1.442）	0.000 ** （2.323）	0.000 （1.415）
Fixed effect	Yes	Yes	Yes	Yes
观测值	1886	354	2067	212
R − squared	0.317	0.401	0.292	0.375

注：*** 、** 、* 分别表示相关系数在1%、5%、10%的水平下显著。

表 6.9　　　　　　　投资者情绪高管迎合渠道检验（销售操纵分组）

变量	Panel A：$ID=1$		Panel A：$ID=0$	
	（1）$DA_1=0$	（2）$DA_1=1$	（3）$DA_1=0$	（4）$DA_1=1$
S	-0.003^* (-1.899)	-0.005^{***} (-2.861)	0.013^{***} (4.441)	0.008 (1.476)
TIR	0.011 (1.418)	0.018 (0.768)	0.004 (0.771)	0.001 (0.132)
SALE	-0.008^{***} (-5.800)	-0.010^{***} (-6.242)	-0.002^* (-1.682)	-0.002^* (-1.956)
GROW	0.008^{***} (2.591)	0.012^{***} (3.734)	0.003 (0.961)	0.004^{**} (2.153)
CF	0.002 (0.285)	0.032 (1.273)	0.094^{***} (5.010)	0.107^{***} (5.719)
AGE	0.000 (0.325)	0.000 (0.799)	0.000 (0.711)	-0.000 (-0.566)
ROA	0.001^{***} (3.591)	-0.000 (-0.748)	-0.000 (-0.775)	-0.000^{**} (-2.362)
LEV	-0.004 (-0.445)	-0.014 (-1.620)	0.004 (0.800)	-0.000 (-0.076)
EFD	0.000^{***} (3.400)	0.000^* (1.881)	0.000^* (1.837)	0.000^* (1.801)
Fixed effect	Yes	Yes	Yes	Yes
观测值	1345	899	1088	1192
R－squared	0.325	0.343	0.315	0.293

注：$***$、$**$、$*$ 分别表示相关系数在 1%、5%、10% 的水平下显著。

表 6.10　　　　投资者情绪高管迎合渠道检验（费用操纵分组）

变量	Panel A：$ID=1$		Panel A：$ID=0$	
	（1）$DA_2=0$	（2）$DA_2=1$	（3）$DA_2=0$	（4）$DA_2=1$
S	-0.004^{***} (-3.859)	0.015 (0.510)	0.011^{***} (2.692)	-0.001 (-0.064)

续表

变量	Panel A：ID = 1		Panel A：ID = 0	
	(1) $DA_2 = 0$	(2) $DA_2 = 1$	(3) $DA_2 = 0$	(4) $DA_2 = 1$
TIR	- 0. 006 (- 0. 631)	0. 055 (0. 982)	0. 001 (0. 203)	0. 027 (1. 567)
SALE	- 0. 008 *** (- 7. 815)	- 0. 000 (- 0. 033)	- 0. 002 ** (- 2. 072)	- 0. 005 (- 1. 444)
GROW	0. 009 *** (3. 629)	0. 005 (0. 304)	0. 004 ** (2. 150)	0. 010 * (1. 876)
CF	0. 067 *** (3. 852)	0. 003 (0. 557)	0. 098 *** (7. 142)	0. 151 *** (2. 727)
AGE	0. 000 (0. 615)	0. 001 (0. 667)	- 0. 000 (- 0. 084)	- 0. 000 (- 0. 482)
ROA	- 0. 000 (- 1. 375)	0. 000 (0. 145)	- 0. 000 * (- 1. 875)	- 0. 001 ** (- 2. 099)
LEV	- 0. 005 (- 0. 770)	- 0. 068 (- 1. 321)	0. 002 (0. 429)	0. 015 (0. 721)
EFD	0. 000 *** (4. 324)	- 0. 000 (- 0. 076)	0. 000 ** (2. 433)	0. 000 (0. 051)
Fixed effect	Yes	Yes	Yes	Yes
观测值	2166	73	2154	125
R - squared	0. 345	0. 324	0. 290	0. 491

注：***、**、* 分别表示相关系数在 1%、5%、10% 的水平下显著。

表 6. 11　　　　投资者情绪高管迎合渠道检验（生产操纵分组）

变量	Panel A：ID = 1		Panel A：ID = 0	
	(1) $DA_3 = 0$	(2) $DA_3 = 1$	(3) $DA_3 = 0$	(4) $DA_3 = 1$
S	- 0. 005 *** (- 3. 964)	- 0. 002 (- 0. 807)	0. 016 *** (4. 940)	0. 005 (1. 057)
TIR	0. 015 (1. 428)	- 0. 003 (- 0. 253)	0. 001 (0. 222)	0. 004 (0. 667)

变量	Panel A：$ID=1$		Panel A：$ID=0$	
	（1）$DA_3=0$	（2）$DA_3=1$	（3）$DA_3=0$	（4）$DA_3=1$
SALE	-0.008*** （-6.405）	-0.009*** （-5.573）	-0.002** （-1.970）	-0.002** （-2.363）
GROW	0.009*** （2.855）	0.013*** （4.251）	0.004* （1.723）	0.003 （1.308）
CF	0.003 （0.558）	0.094*** （3.158）	0.094*** （4.646）	0.107*** （6.441）
AGE	0.000 （0.583）	0.000 （1.105）	0.000 （0.259）	-0.000 （-0.827）
ROA	0.000* （1.712）	-0.001* （-1.813）	-0.000 （-1.087）	-0.001*** （-3.192）
LEV	-0.008 （-1.050）	-0.008 （-0.841）	0.001 （0.179）	0.007* （1.685）
EFD	0.000*** （4.191）	0.000 （1.229）	0.000*** （3.057）	0.000 （0.536）
Fixed effect	Yes	Yes	Yes	Yes
观测值	1470	773	1197	1084
R－squared	0.320	0.370	0.309	0.273

注：***、**、*分别表示相关系数在1%、5%、10%的水平下显著。

6.2　基于异质性机构投资者监督作用的机制检验

6.2.1　研究假设

企业创新投资不足源于管理者的短视。懒惰管理者假说认为企业管理者更偏好安逸生活（Hart，1983；Bertrand and Mullainathan，2003），而机构投资者则能迫使其创新（Aghion，Reenen and Zingales，2013）。职业忧虑假说认为管理者不喜欢创新带来的风险，因为创新一旦失败，他们会面临被解雇的风险，因此如果高管激励合约不能克服该问题，增加监督可以通过"隔离"管理者，使其免受不良收入实现带来的声誉后果，从而提高创新的激励。因此，无论基于何种假设，加大对管理者的监督都可以促进企业创新。大量理论和实证研究表明，机构投资者的监督促进了企业创新（Alon，Wei，Song and Tian，2018；Bushee，1998）。但也有学者发现，机构投资者的频繁交易扮演了一个交易者而非所有者的角色，他们对企业短期的发展表现更关注，迫使管理者降低创新投资以扭转期望收益下降的局面（罗时空和龚六堂，2014；Porter，1992；Graves，1988）。布舍（Bushee，1998）认为出现上述分歧的原因在于未对机构投资者进行分类分析。

鉴于机构投资者种类众多，界定具有监督作用的机构投资者至关重要。陈、哈福德和李（Chen，Harford and Li，2007）的研究发现与被投资公司没有业务往来的机构投资者（独立机构投资者）更专注于监督企业，而那些与公司有业务来往的机构投资者（非独立机构投资者）可能会因为监督导致失去现有或潜在业务而面临更高的监督成本。我国学者在陈、哈福德和李（Chen，Harford and Li，2007）对机构投资者分类研究的基础上，根据我国机构投资者的特征将基金和 QFII 视为独立的机构投资者，将其他的视为非独立的机构投资者（夏宁和杨硕，2018；梁上坤，2018；杨海燕、韦德洪和孙健，2012）。基于此分类标准，学者们聚焦于 A 股上市公司，进一步探索了机构投资者异质性影响企业创新问题。他们发现基金、QFII 对公司创新投入存在显著的正向关系（范海峰，2018；鲁桐和党印，2014；赵洪江和夏晖，2009），但并未发现非独立机构投资者对企业创新的影响作用。

从我国创业板和新三板企业的机构投资者持股现状来看，投资创业板的机构投资者以独立型为主，平均持股比例达到 10%，其对创业板上市企业的监督作用不言而喻，但新三板的独立型机构投资者的平均持股比例只有 0.36%，对新三板企业的监督作用有限。另外，新三板的非独立机构投资者（主要为券商）持股比例达到 2.31%，由于新三板流动低，券商持股新三板的主要目的是在将来的转板上市中获利，因此其更看重企业短期业绩，一旦短期业绩不能达到要求，即选择退出企业，给高管形成一定压力，进一步降低企业创新投资。基于上述分析，我们提出以下假设：

假设 6.3：创业板企业的高投资者情绪会通过提高机构投资者持股比例促进企业创新投资，这一作用由独立型机构投资者贡献。

假设 6.4：新三板企业的高投资者情绪会通过提高机构投资者持股比

例抑制企业创新投资，这一作用由非独立型机构投资者带来。

6.2.2   研究设计

我们借鉴温忠麟等（2004）、巴龙和肯尼（Baron and Kenny，1986）构建以下模型验证机构投资者的中介效应作用：

$$IIR_{i,k,t} = \alpha + \beta S_{i,k,t} + \gamma X_{i,k,t} + \eta_k + \xi_t + \varepsilon_{i,t} \tag{6.2}$$

$$S_{i,k,t} = \alpha + \beta_1 INSTI_{i,k,t} + \gamma X_{i,k,t} + \eta_k + \xi_t + \varepsilon_{i,t} \tag{6.3}$$

$$IIR_{i,k,t} = \alpha + \beta_2 S_{i,k,t} + \beta_3 INSTI_{i,k,t} + \gamma X_{i,k,t} + \eta_k + \xi_t + \varepsilon_{i,t} \tag{6.4}$$

式（6.2）、式（6.3）和式（6.4）中的变量定义同式（6.1）。下面介绍中介变量机构持股（INSTI）的计量方式。借鉴陈、哈福德和李（Chen，Harford and Li，2007），我们用公司前十大流通股中机构投资者的持股比例衡量机构持股比例，目的是分析当机构重仓持股时，是否具有监督作用。投资创业板和新三板的机构投资者主要包括基金、券商、保险、私募及QFII。进一步，我们将基金和QFII视为独立的机构投资者（INSTI - inde），其他的视为非独立的机构投资者（INSTI - de）。

6.2.3   实证检验

我们通过实证研究发现，在新三板，投资者情绪越高，企业创新投资越多，而创业板正好相反。那么作为市场重要参与者的机构投资者在上述关系中起到什么作用？在进一步分析中，我们首先通过中介效应模型对机构投资者的作用机制进行检验。

1. 机构投资者作用机制检验

表6.12是对总机构投资者中介效用的检验。第（1）列～第（3）列是创业板的检验结果，第（1）列是模型（6.2）的回归结果，第（2）列、第（3）列是模型（6.3）、模型（6.4）的回归结果。第（1）列中 S 系数 β 为0.010，在1%水平上显著，第（2）列 S 系数 β_1 为 -0.048，且在1%水平上显著，说明在创业板投资者情绪越高的企业，机构投资者持有比例越高，第（3）列中 S 系数 β_3 为0.010，在5%水平上显著为正，说明机构投资者持股比例越高，企业创新投资越多。机构投资者产生的中介效应占总效应的比重5.28%，且与总效用的符号相反，对中介效用进行

Sobel 检验的 Z 统计量为 -2.274，大于 5% 显著性水平上的临界值 -0.97。因此说明创业板中机构投资者持股比例的增加可以缓解投资者情绪过高对创新投资的抑制作用。第（4）列 ~ 第（6）列是新三板的检验结果，第（4）列是模型（6.2）的回归结果，第（5）列、第（6）列是模型（6.3）、模型（6.4）的回归结果。第（4）列中 S 系数 β 为 -0.004，在 1% 水平上显著，第（5）列 S 系数 β_1 为 -0.006，且在 1% 水平上显著，说明在新三板投资者情绪越高的企业，机构投资者持有比例越高。第（6）列中 S 系数 β_3 显著为 -0.026，说明机构投资者持股比例越高，企业创新投资越少。机构投资者产生的间接效应占总效应的比重是 3.9%，且与总效用的符号相反，对中介效用进行 Sobel 检验的 Z 统计量为 1.388，大于 5% 显著性水平上的临界值 0.97。因此，新三板中机构投资者持股降低了投资者情绪对创新投资的促进作用。

表 6.12　　　　　　　　　机构投资者中介效应检验

变量	(1)	(2)	(3)	(4)	(5)	(6)
	ID = 0			ID = 1		
	IIR	INSTI	IIR	IIR	INSTI	IIR
S	0.010 *** (2.694)	− 0.048 *** (− 2.712)	0.011 *** (2.825)	− 0.004 *** (− 3.489)	− 0.006 *** (− 2.965)	− 0.004 *** (− 3.624)
INSTI			0.010 ** (2.509)			− 0.026 *** (− 2.593)
TIR	0.002 (0.594)	0.038 (1.294)	0.002 (0.489)	0.014 * (1.931)	0.016 (0.656)	0.015 ** (1.993)
SALE	− 0.002 ** (− 2.424)	− 0.011 * (− 1.695)	− 0.002 ** (− 2.536)	− 0.009 *** (− 8.021)	− 0.001 (− 0.722)	− 0.009 *** (− 8.059)
GROW	0.004 ** (2.077)	0.020 ** (2.315)	0.003 ** (2.006)	0.011 *** (4.824)	− 0.002 (− 0.452)	0.011 *** (4.838)
CF	0.100 *** (7.315)	− 0.036 (− 0.564)	0.100 *** (7.303)	0.006 (0.670)	0.036 *** (2.836)	0.006 (0.819)
AGE	0.000 (0.090)	− 0.000 (− 0.013)	0.000 (0.107)	0.000 (0.857)	0.000 (0.340)	0.000 (0.892)

续表

变量	(1)	(2)	(3)	(4)	(5)	(6)
	ID = 0			ID = 1		
	IIR	INSTI	IIR	IIR	INSTI	IIR
ROA	-0.000^{**} (-2.290)	0.002^{**} (2.407)	-0.000^{**} (-2.436)	0.000^{**} (1.968)	-0.000^{*} (-1.801)	0.000^{*} (1.925)
LEV	0.002 (0.422)	0.035 (1.389)	0.001 (0.388)	-0.010 (-1.531)	-0.006 (-0.448)	-0.010 (-1.582)
EFD	0.000^{***} (2.639)	-0.000 (-0.028)	0.000^{***} (2.669)	0.000^{***} (3.720)	0.000 (1.212)	0.000^{***} (3.775)
MVE		0.036^{***} (4.600)			0.001 (1.192)	
MB		-0.000 (-0.335)			-0.000 (-0.045)	
观测值	2284	2284	2284	2247	2247	2247
R – squared	0.294	0.129	0.297	0.320	0.045	0.322

注：$***$、$**$、$*$分别表示相关系数在1%、5%、10%的水平下显著。

2. 分类型机构投资者作用机制检验

接着我们将机构投资者细分为独立机构投资者和非独立机构投者，进一步探索各类机构投资者在创业板缓解抑制创新作用和新三板降低促进作用中所扮演的角色。表6.13是对独立机构投资者中介效用的检验。第（1）列~第（3）列是创业板的检验结果，第（1）列是模型（6.2）的回归结果，解释同上。第（2）列、第（3）列是模型（6.3）、模型（6.4）的回归结果。第（2）列 S 系数 β_1 为 -0.053，且在1%水平上显著，说明在创业板投资者情绪越高的企业，独立机构投资者持有比例越高，第（3）列中 INSTI – inde 系数 β_3 为 0.010，在1%水平上显著为正，说明独立机构投资者持股比例越高，发挥的监督作用越大，能促进企业进行更多创新投资。独立型机构投资者产生的中介效应占总效应的比重5.30%，且与总效用的符号相反，对中介效用进行 Sobel 检验的 Z 统计量为 -2.213，大于5%显著性水平上的临界值。因此，说明在创业板中对创新投资起促进作用的是独立型机构投资者。第（4）列～第（6）列是新三板的检验结果，第（4）列是模型（6.1）的回归结果，第（5）列、第（6）列是模型（6.3）、模型（6.4）的回归结果。第（4）列解释同表6.12，第（5）列 S 系数 β_1 为 -0.001，且不显著，说明新三板企业的高投资者情绪不会吸引独立型机构投资者。第（6）列中 $INSTI-inde$ 系数 β_3 也不显著，说明独立型机构投资者对新三板企业创新投资影响有限。因此，从表6.13的分析我们发现，在创业板市场，独立性机构投资者在投资者情绪高涨的企业发挥了监督管理者的功能，进而促进企业创新。假设6.3得到验证。

表6.13　　　　　　　　　独立型机构投资者中介效应检验

变量	(1)	(2)	(3)	(4)	(5)	(6)
	ID = 0			ID = 1		
	IIR	INSTI - inde	IIR	IIR	INSTI - inde	IIR
S	0.010 *** (2.694)	-0.053 *** (-3.491)	0.011 *** (2.885)	-0.004 *** (-3.489)	-0.001 (-1.184)	-0.004 *** (-3.502)
INSTI - inde			0.010 *** (2.593)			-0.017 (-0.638)
TIR	0.002 (0.594)	0.041 (1.395)	0.002 (0.473)	0.014 * (1.931)	0.005 ** (2.318)	0.014 * (1.943)
SALE	-0.002 ** (-2.424)	-0.012 * (-1.910)	-0.002 ** (-2.522)	-0.009 *** (-8.021)	-0.001 (-1.160)	-0.009 *** (-8.027)
GROW	0.004 ** (2.077)	0.020 ** (2.368)	0.003 ** (2.002)	0.011 *** (4.824)	-0.001 (-0.540)	0.011 *** (4.810)
CF	0.100 *** (7.315)	-0.024 (-0.386)	0.100 *** (7.295)	0.006 (0.670)	-0.002 (-1.536)	0.006 (0.666)
AGE	0.000 (0.090)	0.000 (0.069)	0.000 (0.103)	0.000 (0.857)	-0.000 (-0.536)	0.000 (0.849)
ROA	-0.000 ** (-2.290)	0.002 ** (2.413)	-0.000 ** (-2.444)	0.000 ** (1.968)	0.000 (0.804)	0.000 ** (1.976)
LEV	0.002 (0.422)	0.043 * (1.812)	0.001 (0.360)	-0.010 (-1.531)	0.002 (0.347)	-0.010 (-1.533)

续表

变量	(1)	(2)	(3)	(4)	(5)	(6)
	$ID = 0$			$ID = 1$		
	IIR	INSTI − inde	IIR	IIR	INSTI − inde	IIR
EFD	0.000 *** (2.639)	0.000 (0.301)	0.000 *** (2.654)	0.000 *** (3.720)	0.000 (0.066)	0.000 *** (3.727)
MVE		0.035 *** (4.592)			0.000 * (1.674)	
MB		−0.000 (−0.336)			−0.000 (−0.629)	
观测值	2284	2284	2284	2247	2247	2247
R − squared	0.294	0.132	0.283	0.320	0.021	0.303

注：***、**、*分别表示相关系数在1%、5%、10%的水平下显著。

表6.14是对非独立机构投资者中介效用的检验。第（1）列~第（3）列是创业板的检验结果，第（1）列是模型（6.2）的回归结果，第（2）列、第（3）列是模型（6.3）、模型（6.4）的回归结果。第（1）列解释同表6.13，第（2）列 S 系数不显著，说明创业板企业高涨的投资者情绪不会吸引非独立型机构投资者。第（3）列中 INSTI − de 系数 β_3 也不显著，说明非独立型机构投资者对创业板企业创新投资影响有限。第（4）列~第（6）列是新三板的检验结果，第（4）列是模型（6.2）的回归结果，解释同上。第（5）~（6）列是模型（6.3）、模型（6.4）的回归结果。第（5）列 S 系数 β_1 为 −0.005，且在1%水平下显著，说明在新三板投资者情绪高涨的企业，非独立机构投资者持有比例越高，第（6）列中 INSTI − de 系数 β_3 为 −0.027，在1%水平上显著为正，说明非独立机构投资者持股比例越高，企业创新投资越低。非独立型机构投资者产生的中介效应占总效应的比重3.38%，且与总效用的符号相反，对中介效用进行 Sobel 检验的 Z 统计量为1.334，大于5%显著性水平上的临界值0.97，说明在新三板中由于非独立机构投资者的存在抑制了投资者情绪对创新投资的促进作用。因此，从表6.14的分析我们发现，在新三板市场，非独立性机构投资者并未发挥监督作用，反而抑制了创新。假设6.4得到验证。

表6.14　　　　　　　　　非独立型投资机构投资者中介效应检验

变量	(1)	(2)	(3)	(4)	(5)	(6)
	ID = 0			ID = 1		
	IIR	INSTI - de	IIR	IIR	INSTI - de	IIR
S	0.010 *** (2.694)	0.004 (0.619)	0.010 *** (2.717)	−0.004 *** (−3.489)	−0.005 *** (−2.839)	−0.004 *** (−3.610)
INSTI - de			−0.004 (−0.230)			−0.027 *** (−2.705)
TIR	0.002 (0.594)	−0.003 (−0.659)	0.002 (0.591)	0.014 * (1.931)	0.010 (0.438)	0.015 ** (1.979)
SALE	−0.002 ** (−2.424)	0.001 (0.903)	−0.002 ** (−2.419)	−0.009 *** (−8.021)	−0.001 (−0.318)	−0.009 *** (−8.044)
GROW	0.004 ** (2.077)	0.000 (0.188)	0.004 ** (2.076)	0.011 *** (4.824)	−0.001 (−0.198)	0.011 *** (4.862)
CF	0.100 *** (7.315)	−0.012 (−1.126)	0.100 *** (7.309)	0.006 (0.670)	0.038 *** (3.024)	0.007 (0.836)
AGE	0.000 (0.090)	−0.000 (−0.461)	0.000 (0.087)	0.000 (0.857)	0.000 (0.657)	0.000 (0.905)
ROA	−0.000 ** (−2.290)	0.000 (0.393)	−0.000 ** (−2.288)	0.000 ** (1.968)	−0.001 ** (−2.337)	0.000 * (1.910)
LEV	0.002 (0.422)	−0.009 * (−1.796)	0.002 (0.412)	−0.010 (−1.531)	−0.008 (−0.669)	−0.010 (−1.582)
EFD	0.000 *** (2.639)	−0.000 (−1.229)	0.000 *** (2.616)	0.000 *** (3.720)	0.000 (1.270)	0.000 *** (3.767)
MVE		0.001 (0.776)			0.001 (0.789)	
MB		−0.000 (−0.036)			0.000 (0.092)	
观测值	2284	2284	2284	2247	2247	2247
R - squared	0.294	0.029	0.294	0.320	0.057	0.322

注：***、**、*分别表示相关系数在1%、5%、10%的水平下显著。

6.2.4　结果分析

我们从机构投资者监管视角出发，分别检验了新三板和创业板中机构投资者的角色。我们发现，无论在创业板还是新三板，机构投资者都青睐高投资者情绪的股票，但他们持有高投资者情绪的股票对企业创新的影响作用却相反。创业板中的机构投资者缓解了投资者情绪过高对创新投资的抑制，而在新三板市场中，机构投资者持股比例的增加却降低了投资者情绪对创新投资的促进作用。进一步从机构投资者的监督属性对其进行细分，我们发现独立型机构投资者在创业板中起到促进企业创新作用，而非独立型机构投资者则抑制了新三板创新投资。

本章研究发现提高新三板的投资者情绪能促进企业创新，新三板长期低迷的市场情绪需要通过监管层的大力改革予以激发，进而切实实现服务中小微企业创新投资的功能。面对新三板基金投资比例偏低的局面，应该进一步鼓励公募基金投资新三板企业，在提升市场交易活跃度的同时，充分发挥其监督管理作用，促进新三板企业进行长期的创新投资行为。目前，新三板已经推出一系列改革方案，旨在提高新三板激活新三板市场活力，提高市场投资者情绪，如精选层的设立、允许公募基金投资新三板挂牌股票等措施。而本章的研究结果也与新三板改革实践得到互相印证。

6.3　本章小结

本章通过对投资者情绪影响企业创新投资的利弊分析，发现投资者情绪对创新投资者的影响不是线性为正，当投资者情绪较低时，需要刺激投资者情绪以进一步促进企业创新投资，但过高的投资者情绪会引发高管的关注企业短期利益，放弃长期创新投资。基于理论分析，我们比较了在新三板和创业板中投资者情绪影响创新投资的差异，发现在投资者情绪较低的新三板，高涨的投资者情绪可以促进企业创新投资，而在创业板则相反，投资者情绪越高涨的企业创新投资反而越低。我们发现，对于企业创新投资而言，并不会出现投资者情绪迎合的情况，因此创业板高管不会迎合其过高的投资者情绪进行创新投资。

进一步，我们从机构投资者监管视角，检验了独立型机构投资者和非独立型机构投资者在投资者情绪影响创新投资中的中介作用。我们发现，独立型机构投资者的监督作用在创业板中起了积极作用，能够抑制投资者情绪过高导致的创新投资下降。但是非独立型机构投资者在新三板中并不能发挥监督作用，反而其给管理者造成的压力降低了企业创新投资。

本章的研究结论进一步表明，尽管投资者情绪可以通过股权融资渠道促进企业创新，但也要警惕投资者情绪过高引起的管理者短期行为对创新投资的抑制。并且，监管者应加强对机构投资者监督作用的引导和鼓励，以促进其对企业创新投资的监督作用。

第7章

结论、建议与展望

本书围绕"成长机会、投资者情绪与企业创新投资"三者关系的研究,遵循"单因素影响—双因素作用""市场内分析—跨市场比较"的研究思路,通过理论模型分析和实证检验后得到了一些具有学术价值和实践意义的新结论和新观点。本章归纳了主要研究结论,并在此基础上提出提高企业创新投资的相关建议,最后在分析本书研究局限性的基础之上提出未来的研究展望。

7.1 研究结论

本书通过将影响企业创新投资的内在要素和外部环境纳入同一研究框架,系统探究了驱动企业创新投资的驱动要素,在此基础上分别通过"市场内"和"跨市场"研究,深入剖析了市场投资情绪影响创新投资原动力发挥效果的作用机制。通过理论分析和实证检验,得到以下研究结论:

(1) 企业创新投资驱动要素的识别。我们以 2006~2016 年在中国上交所和深交所上市的 335 家国家级创新型企业为研究样本,通过实证检验发现决定企业创新投资的关键内部驱动因素是企业的成长机会。按照企业产权性质将样本分为国有企业和民营企业后,发现这一现象在民营企业更显著。为了与创新投资结论进行对比,我们进一步将有形资产投资对现金流和成长机会进行回归,发现与创新投资不同,无论对国有企业还是民营企业,现金流才是决定其有形投资的关键因素。该研究结论表明,企业创新投资与传统的有形投资有本质区别,决定企业是否进行创新投资决策的内在因素已不是现金流,而是企业的成长机会。企业只要有很好的发展机会,就会为创新项目投资,不考虑其是否有现金流。而创新项目所需资金自有外部资本市场的融资功能来补充。

（2）投资者情绪对成长机会影响创新投资的边际影响。通过沪深交易所上市的 335 家国家级创新型企业的研究发现，投资者情绪和经济环境都通过融资渠道对企业的投资活动起作用，但作用的对象不一样。投资者情绪影响企业创新投资决策，而经济环境影响企业的有形资产投资决策。研究发现，高的投资者情绪能促进具有高成长机会的民营企业进行创新投资，而经济环境向好时，国有企业更愿意进行有形资产投资。进一步，本书考察了融资约束下的外部融资环境对企业创新投资行为的边际作用后发现，受融资约束的民营企业在投资者情绪高涨时期会进行更多的创新投资，说明投资者情绪可以通过降低成本增加企业融资。这一研究结果表明，尽管影响企业创新投资的驱动因素都是成长机会，但对于国有企业来讲，资本市场的投资者情绪并不能刺激其进行创新投资，这是因为国有企业和国有银行天然的联系使得资金约束问题不是影响其创新投资决策的关键，因此市场的投资者情绪对其投资决策的影响有限。

（3）投资者情绪存在显著差异的市场间企业创新投资比较。我们通过选取服务创新创业中小企业的两个主要资本市场——新三板和创业板的企业为研究对象，基于两个市场的企业成长机会与市场投资者情绪的不协调现象，实证比较了新三板和创业板创新投资的差异，发现成长机会更大的新三板企业，其创新投资也更高，进一步证实了企业创新投资的决定要素为企业成长机会，新三板创新投资高于创业板的原因在于新三板管理者更重视企业的长远发展，而创业板高管与其相比更短视。当我们检验投资者情绪的作用机制时发现，新三板低迷的投资者情绪不利于其为创新进行融资，会阻碍其创新投资。进一步的股权市场融资功能检验也表明新三板中有外部融资依赖的企业的创新投资受限。因此，市场间企业创新投资影响因素及投资者情绪作用机制的检验结果进一步说明，尽管新三板企业的成长机会更高，创新投资活动与创业板相比更多，但其低迷的投资者情绪不利于为创新融资。

（4）投资者情绪影响企业创新投资的双面性。通过对新三板和创业板企业的比较研究，我们发现投资者情绪不是越高越好，它对企业创新的影响是非线性的。在投资者情绪较低的新三板，高涨的投资者情绪可以促进企业创新投资，而在创业板则相反，投资者情绪越高涨的企业创新投资反而越低。进一步，我们发现投资者情绪的高管迎合渠道在创新投资决策中并不存在。

（5）企业创新投资的机构投资者监督机制。从机构投资者监管视角出发，我们机构投资者都青睐高投资者情绪的股票，但他们持有高投资者情绪的股票对企业创新的影响作用不一。创业板中的独立型机构投资者缓解了投资者情绪过高对创新投资的抑制，而在新三板市场中，非独立型机构投资者持股比例的增加却降低了投资者情绪对创新投资的促进作用。

7.2　政策建议

（1）本书研究发现企业创新投资的驱动因素是企业成长机会而非现金流，这一发现启示我国政府通过现金补贴激励企业创新的"有形之手"并不能真正促进企业创新投资。已有关于政府补助与企业创新的研究也发现，随着政府创新补助的增加，企业创新自主投资在减少，创新补助总体而言并未有效激励企业创新自主投资（李万福、杜静和张怀，2017）。格力电器董事长董明珠曾经说过，"我们不需要政府的补贴政策，政府最需要做的就是为企业营造一个公平公正的市场环境"。因此，本书从企业内部驱动要素角度出发，认为政府应该给企业营造一个有利于长期发展、能促进其不断成长的市场环境。

（2）通过外部融资环境影响企业创新投资的研究结论我们发现，对于我国的民营企业来说，股权市场是其创新项目的重要融资渠道，各级地方政府应大力鼓励民营企业在资本市场上市融资，通过拓宽其融资渠道促进创新发展。目前已有不少政府为鼓励企业上市出台了相关政策和措施，例如北京市东城区对申请国内主板、中小板及创业板首次成功公开发行股票上市（IPO）的企业，给予500万元奖励，南宁市将企业在境内主板成功上市的经费补助为400万元。但这些措施主要集中在现金奖励，没有考虑鼓励企业长远发展，可能导致企业上市后出现短视现象而没有创新投资的动力。另外，这些措施也没有区别对待不同产权性质企业，如果能更倾向积极鼓励民营企业，可能对企业长期的创新发展更有利。

（3）从对新三板和创业板的创新投资比较研究，我们发现新三板创新层企业创新投资显著高于创业板，但其过低的投资者情绪又抑制了企业创新投资。因此激活新三板市场活力是新三板现阶段改革的重要任务。目前随着新三板精选层的设立，已形成"基础层—创新层—精选层"的三层市场结构，为不同发展阶段企业提供了适宜的融资市场。2020年新三板刚实施的《股票交易规则》和《投资者适当性管理规则》中，已经在精选层引入连续竞价交易方式，并降低了新三板创新层投资者适当性门槛，这些改革举措无疑可以通过提高市场投资者情绪来促进新三板企业创新，与本书的研究结论构成相互支持和验证的关系。但是，在新三板深化改革过程中，要注意继续发挥其对创新企业的培育功能，对在其市场挂牌的企业需要有一定的保护措施，例如对《信息披露规则》的修订，不宜提高创新层企业的信息披露要求，使其高管不致因过度迎合市场投资者而出现短视行为，进行短期见效的传统投资而放弃创新投资。另外，随着新三板投资者准入门槛的降低，价值型投资者将面临更多的投资机会，从长远看新三板创新层企业具有较高的发展潜力和投资价值，应考虑将此类公司纳入投资组合配置中。

（4）本书关于投资者情绪影响创新投资的市场间比较研究发现，投资者情绪并非越高越好，过高的投资者情绪可能引发企业高管短视而放弃创新投资，最终有损企业的核心竞争力，对企业长远发展不利。资本市场投资者情绪高涨可能产生的负面作用应引起政府监管部门的高度重视。本书通过对异质性机构投资监督作用的研究提出建议，在创业板高涨的投资者情绪下，监管部门应该出台各项鼓励独立型机构投资者的政策，以发挥其监督作用，进一步促进企业创新。而面对新三板基金投资比例偏低的局面，应该进一步鼓励公募基金投资新三板企业，在提升市场交易活跃度的同时，充分发挥其监督管理作用，促进新三板企业进行长期的创新投资。欣喜的是在本书成稿之际，中国证券监督管理委员会公布《公开募集证券投资基金投资全国中小企业股份转让系统挂牌股票指引》，允许公募基金投资新三板挂牌股票，本书的研究结果与新三板改革实践得到互相印证。

7.3 研究展望

首先，本书的研究结论基于企业创新活动投入阶段的研究，如果能进一步从企业创新链视角，结合创新产出和创新效率，研究企业成长机会和市场投资者情绪的联动作用对企业创新活动的影响差异，将会得到更为丰富、全面的研究结论，为深化多层次资本市场改革制度的政策制定提供可供参考的经验证据。

其次，随着中国多层次资本市场的改革不断推进，新三板精选层和科创板也成为服务创新型中小企业的重要资本市场，但由于其成立时间较短，现阶段进行实证研究的难度较大，随着市场的不断发展成熟，后续可进行创业板和科创板的对比研究以及新三板创新层和精选层的对比研究，这对于全面评估中国多层次资本市场改革成效具有重要意义。

最后，资本市场的第一功能是满足企业融资需求，故本书只关注到投资者情绪通过股权融资渠道影响创新投资的作用。然而资本市场的优势还体现在增加流动性、实现投资者多样化、提高企业声誉等方面，因此，将资本市场其他功能与企业内部成长机会要素结合研究其对企业创新的影响是本研究的后续工作。

参 考 文 献

［1］翟淑萍，黄宏斌，毕晓方．资本市场业绩预期压力、投资者情绪与企业研发投资［J］.科学学研究，2017，35（6）：896－906.

［2］翟淑萍，黄宏斌，何琼枝．投资者情绪、研发投资及创新效率——基于理性迎合渠道的研究［J］.华东经济管理，2017，31（12）：44－52.

［3］杜金岷，任玎．新三板企业股票流动性是否抑制了技术创新？——基于委托代理问题和经济政策不确定性的实证与解读［J］.暨南学报（哲学社会科学版），2019，41（6）：107－118.

［4］范海峰．异质机构投资者、外部融资约束与研发投资［J］.暨南学报（哲学社会科学版），2018，40（11）：91－102.

［5］傅家骥．技术创新学［M］.北京：清华大学出版社，1998.

［6］顾夏铭，陈勇民，韩鹏，岳园园．企业创新行为信息披露的经济后果研究——来自创业板的经验证据［J］.会计研究，2016（1）：49－55.

［7］郝盼盼，张信东，贺亚楠．晋升越快越好吗——CEO早年晋升经历与企业创新投资［J］.当代财经，2018（12）：71－82.

［8］郝盼盼．CEO过度自信与企业创新投入决策研究［D］.太原：山西大学，2017.

［9］胡昌生，陶铸．个体投资者情绪、网络自媒体效应与股票收益［J］.预测，2017，36（3）：50－55.

［10］蒋玉梅，王明照．投资者情绪与股票收益：总体效应与横截面效应的实证研究［J］.南开管理评论，2010，13（3）：150－160.

［11］金永红，蒋宇思，奚玉芹．风险投资参与、创新投入与企业价值增值［J］.科研管理，2016，37（9）：59－67.

［12］李丹蒙，王俊秋，张裕恒．关系网络、产权性质与研发投入［J］.科研管理，2017，38（8）：75－82.

［13］李汇东，唐跃军，左晶晶．用自己的钱还是用别人的钱创

新?——基于中国上市公司融资结构与企业创新的研究 [J]. 金融研究, 2013 (2): 170 – 183.

[14] 李万福, 杜静, 张怀. 创新补助究竟有没有激励企业创新自主投资——来自中国上市公司的新证据 [J]. 金融研究, 2017 (10): 130 – 145.

[15] 李增福, 董志强, 连玉君. 应计项目盈余管理还是真实活动盈余管理?——基于我国 2007 年所得税改革的研究 [J]. 管理世界, 2011 (1): 121 – 134.

[16] 梁上坤. 机构投资者持股会影响公司费用粘性吗? [J]. 管理世界, 2018, 34 (12): 133 – 148.

[17] 刘春玉, 郝丽斌. 企业研发的投入与产出效率研究——基于投资者情绪"双刃剑"效应的视角 [J]. 华东经济管理, 2018, 32 (9): 144 – 150.

[18] 刘端, 陈收. 股票价格对中国上市公司投资行为的影响——基于不同股权依赖型公司的实证 [J]. 管理评论, 2006, 18 (1): 31 – 36.

[19] 刘红忠, 张昉. 投资者情绪与上市公司投资——行为金融角度的实证分析 [J]. 复旦学报 (社会科学版), 2004 (5): 63 – 68.

[20] 刘婧, 罗福凯, 王京. 环境不确定性与企业创新投入——政府补助与产融结合的调节作用 [J]. 经济管理, 2019, 41 (8): 21 – 39.

[21] 刘诗源, 林志帆, 冷志鹏. 税收激励提高企业创新水平了吗?——基于企业生命周期理论的检验 [J]. 经济研究, 2020, 55 (0): 105 – 121.

[22] 刘维奇, 刘新新. 个人和机构投资者情绪与股票收益——基于上证 A 股市场的研究 [J]. 管理科学学报, 2014, 17 (3): 70 – 87.

[23] 刘维奇, 王宁. 市场情绪与行业情绪对股票收益的影响 [J]. 山西大学学报 (哲学社会科学版), 2013, 36 (3): 101 – 110.

[24] 鲁桐, 党印. 公司治理与技术创新: 分行业比较 [J]. 经济研究, 2014, 49 (6): 115 – 128.

[25] 陆江川, 陈军. 投资者情绪对股票横截面收益的非对称影响研究 [J]. 预测, 2012, 31 (5): 52 – 57, 63.

[26] 罗时空, 龚六堂. 企业融资行为具有经济周期性吗——来自中国上市公司的经验证据 [J]. 南开管理评论, 2014, 17 (2): 74 – 83.

[27] 吕长江, 郑慧莲, 严明珠. 上市公司股权激励制度设计: 是激

励还是福利？［J］. 管理世界，2009 (9)：133 – 147.

［28］梅立兴，张灿，何鲁. 投资者情绪与股票收益——来自移动互联网的实证研究［J］. 南方经济，2019 (3)：36 – 53.

［29］孟为，陆海天. 风险投资与新三板挂牌企业股票流动性——基于高科技企业专利信号作用的考察［J］. 经济管理，2018 (3)：178 – 195.

［30］潘敏，朱迪星. 市场周期、投资者情绪与企业投资决策——来自中国上市公司的经验证据［J］. 经济管理，2011 (9)：122 – 131.

［31］蒲文燕，张洪辉. 基于融资风险的现金持有与企业技术创新投入的关系研究［J］. 中国管理科学，2016，24 (5)：38 – 45.

［32］权小锋，尹洪英. 中国式卖空机制与公司创新——基于融资融券分步扩容的自然实验［J］. 管理世界，2017 (1)：128 – 144，187 – 188.

［33］任碧云，任毅. 投资者情绪、企业投资水平与投资偏好——基于股权融资渠道与迎合渠道的对比［J］. 云南财经大学学报，2017，33 (4)：123 – 132.

［34］唐玮，崔也光，罗孟旎. 投资者情绪与企业创新投入——基于管理者过度自信中介渠道［J］. 北京工商大学学报（社会科学版），2017，32 (4)：66 – 77.

［35］唐玮，崔也光，曹蕾. 公司创新、投资者情绪与研发投入——来自中国上市公司的经验证据［J］. 华东经济管理，2018，32 (4)：176 – 184.

［36］佟爱琴，洪棉棉. 产权性质、负债融资与公司投资行为［J］. 南京审计学院学报，2015，12 (2)：73 – 80.

［37］王春. 投资者情绪对股票市场收益和波动的影响——基于开放式股票型基金资金净流入的实证研究［J］. 中国管理科学，2014，22 (9)：49 – 56.

［38］王聪. 我国创业板和新三板流动性比较及分析［D］. 武汉：武汉大学，2018.

［39］王美今，孙建军. 中国股市收益、收益波动与投资者情绪［J］. 经济研究，2004 (10)：75 – 83.

［40］王一茸，刘善存. 投资者情绪与股票收益：牛熊市对比及中美比较［J］. 北京航空航天大学学报（社会科学版），2011，24 (1)：74 – 80.

［41］温忠麟，叶宝娟．中介效应分析：方法和模型发展［J］．心理科学进展，2014（5）：731－745．

［42］温忠麟，张雷，侯杰泰，刘红云．中介效应检验程序及其应用［J］．心理学报，2004（5）：614－620．

［43］文凤华，肖金利，黄创霞，陈晓红，杨晓光．投资者情绪特征对股票价格行为的影响研究［J］．管理科学学报，2014，17（3）：60－69．

［44］吴世农，汪强．迎合投资者情绪？过度保守？还是两者并存——关于公司投资行为的实证研究［J］．公司治理评论，2009，1（1）：185－204．

［45］夏宁，杨硕．异质性机构投资者持股水平与审计收费［J］．审计研究，2018（2）：72－79．

［46］肖虹，曲晓辉．R&D投资迎合行为：理性迎合渠道与股权融资渠道？——基于中国上市公司的经验证据［J］．会计研究，2012（2）：42－49，96．

［47］谢庚，徐明．多层次资本市场研究［M］．北京：中国金融出版社，2019．

［48］谢庚，徐明．新三板研究：全国股转系统课题成果选编［M］．北京：中国金融出版社，2019．

［49］谢震，艾春荣．分析师关注与公司研发投入：基于中国创业板公司的分析［J］．财经研究，2014，40（2）：108－119．

［50］徐小阳，陈业昕，韦庆云．投资者情绪对科技型企业R&D投入不足的校正效应——基于自由现金流与股权融资约束的检验［J］．科技进步与对策，2018，35（12）：69－75．

［51］许骞，花贵如．投资者情绪、现金持有与上市公司投资［J］．中国会计评论，2015，13（2）：229－242．

［52］许文静，苏立，吕鹏，郝洪．退市制度变革对上市公司盈余管理行为影响［J］．会计研究，2018（6）：32－38．

［53］严若森，华小丽．环境不确定性、连锁董事网络位置与企业创新投入［J］．管理学报，2017，14（3）：373－382．

［54］严若森，吴梦茜．二代涉入、制度情境与中国家族企业创新投入——基于社会情感财富理论的研究［J］．经济管理，2020，42（3）：23－39．

［55］杨海燕，韦德洪，孙健．机构投资者持股能提高上市公司会计信息质量吗？——兼论不同类型机构投资者的差异［J］．会计研究，2012（9）：16－23，96．

［56］杨蓉，刘婷婷，高凯．产业政策扶持、企业融资与制造业企业创新投资［J］．山西财经大学学报，2018，40（11）：41－51．

［57］杨赛楠，叶文平，苏晓华．对官方媒体的信任促进了民营企业创新投入吗？［J］．外国经济与管理，2020，42（5）：90－104．

［58］易志高，茅宁，汪丽．投资者情绪测量研究综述［J］．金融评论，2010，2（3）：113－121，126．

［59］易志高，茅宁．中国股市投资者情绪测量研究：CICSI 的构建［J］．金融研究，2009（11）：174－184．

［60］张春兴．心理学原理［M］．杭州：浙江教育出版社，2012．

［61］张戈，王美今．投资者情绪与中国上市公司实际投资［J］．南方经济，2007（3）：3－14．

［62］张圣平，熊德华，张峥，刘力．现代经典金融学的困境与行为金融学的崛起［J］．金融研究，2003（4）：44－56．

［63］张信东，李娟．股票流动性会促进企业创新投入吗？——来自上证 A 股的证据［J］．科技管理研究，2017，37（6）：134－142．

［64］张信东，于静．企业投资主导要素研究［J］．科研管理，2018（2）：125－134．

［65］张璇，刘贝贝，汪婷，李春涛．信贷寻租、融资约束与企业创新［J］．经济研究，2017（5）：161－174．

［66］张一林，龚强，荣昭．技术创新、股权融资与金融结构转型［J］．管理世界，2016（11）：65－80．

［67］赵洪江，夏晖．机构投资者持股与上市公司创新行为关系实证研究［J］．中国软科学，2009（5）：33－39，54．

［68］甄建斌，赵选民，翟丽．非沉淀性冗余资源能够平滑企业创新投资吗？——基于融资约束视角的实证研究［J］．金融论坛，2017，22（7）：53－66．

［69］郑建明，李金甜，刘琳．新三板做市交易提高流动性了吗？——基于"流动性悖论"的视角［J］．金融研究，2018（4）：190－206．

［70］周美华，林斌，罗劲博，李炜文．CEO 组织认同能抑制盈余管

理吗——来自中国上市公司调查问卷的证据 [J]. 南开管理评论，2018（4）：93 – 108.

[71] 周铭山，张倩倩，杨丹. 创业板上市公司创新投入与市场表现：基于公司内外部的视角 [J]. 经济研究，2017（11）：135 – 149.

[72] 周振东，徐伟，张邦. 市场时机与中国上市公司投资行为——基于股权融资渠道的实证检验 [J]. 投资研究，2011（9）：66 – 78.

[73] 朱沆，Kushins E，周影辉. 社会情感财富抑制了我国家族企业的创新投入吗？[J]. 管理世界，2016（3）：99 – 114.

[74] 朱琪，关希如. 高管团队薪酬激励影响创新投入的实证分析 [J]. 科研管理，2019，40（8）：253 – 262.

[75] 庄新霞，欧忠辉，周小亮，朱祖平. 风险投资与上市企业创新投入：产权属性和制度环境的调节 [J]. 科研管理，2017，38（11）：48 – 56.

[76] Abel A B, Eberly J C. How Q and cash flow affect investment without frictions: An analytic explanation [J]. The Review of Economic Studies, 2011, 78（4）：1179 – 1200.

[77] Abel A B. Optimal investment under uncertainty [J]. American Economic Review, 1983. 73（1）：228 – 233.

[78] Abel A B. The effects of q and cash flow on investment in the presence of measurement error [J]. Journal of Financial Economics, 2018, 128（2）：363 – 377.

[79] Acharya V, Lambrecht B M. A theory of income smoothing when insiders know more than outsiders [J]. Review of Financial Studies, 2015, 28（9）：2534 – 2574.

[80] Acharya V, Xu Z. Financial dependence and innovation: The case of public versus private firm [J]. Journal of Financial Economics, 2017, 124（2）：223 – 243.

[81] Aghion P, Reenen J V, Zingales L. Innovation and institutional ownership [J]. American Economic Review, 2013, 103（1）：277 – 304.

[82] Allen F, Gale D. Diversity of opinion and financing of new technologies [J]. Journal of Financial Intermediation, 1999, 8（1 – 2）：68 – 89.

[83] Allen F, Qian J, Qian M. Law, finance, and economic growth in China [J]. Journal of Financial Economics. 2005, 77（1）：57 – 116.

[84] Almeida H, Campello M. Financial constraints, asset tangibility,

and corporate investment [J]. Review of Financial Studies, 2007, 20 (5):
1429 – 1460.

[85] Alon B, Wei J, Song M, Tian X. How does hedge fund activism reshape corporate innovation? [J]. Journal of Financial Economics, 2018, 130 (2): 237 – 264.

[86] Alti A. How sensitive is investment to cash flow when financing is frictionless? [J] The Journal of Finance, 2003, 58 (2): 707 – 722.

[87] Amihud Y, Mendelson H. Liquidity, volatility, and exchange automation [J]. Journal of Accounting, Auditing & Finance, 1988, 3 (4): 369 – 395.

[88] Amihud Y. Illiquidity and stock returns: Cross-section and time-series effects [J]. Journal of Financial Markets, 2002, 5 (1): 31 – 56.

[89] Amore M D, Schneider C, Žaldokas A. Credit supply and corporate innovation [J]. Journal of Financial Economics, 2013, 109 (3): 835 – 855.

[90] Andrei D, Mann W, Moyen N. Why did the q theory of investment start working? [J]. Journal of Financial Economics, 2019, 133 (2): 251 – 272.

[91] Arrow K. Economic welfare and the allocation of resources for invention [J]. The Rate and Direction of Inventive Activity: Economic and Social Factors, 1962.

[92] Asker J, Farre – Mensa J, Ljungqvist A. Corporate investment and stock market listing: a puzzle [J]. Review of Financial Studies, 2015, 28 (2): 342 – 390.

[93] Baker M, Greenwood R, Wurgler J. Catering through nominal share prices [J]. The Journal of Finance, 2009, 64 (6): 2559 – 2590.

[94] Baker M, Ruback R S, Wurgler J. Behavioral corporate finance: A Survey [M]//Eckbo, Espen (ed.) Handbook in Corporate Finance: Empirical Corporate Finance. North Holland: Elsevier, 2007.

[95] Baker M, Stein J, Wurgler J. When does the market matter? Stock prices and the investment of equity-dependent Firms [J]. Quarterly Journal of Economics, 2003 (118): 969 – 1005.

[96] Baker M, Stein J. Market liquidity as a sentiment indicator [J]. Journal of Financial Markets, 2004, 7 (3): 271 – 299.

［97］ Baker M, Wurgler J. Investor sentiment and the cross-section of stock returns ［J］. The Journal of Finance, 2006, 61 (4): 1645 – 1680.

［98］ Baker M. Capital market-driven corporate finance ［J］. Annual Review of Financial Economics, 2009, 1 (1): 181 – 205.

［99］ Balsmeier B, Fleming L, Manso G. Independent boards and innovation ［J］. Journal of Financial Economics, 2016, 123 (3): 536 – 557.

［100］ Bamber L, Jiang J, Wang I. What's my style? The influence of top managers on voluntary corporate financial disclosure ［J］. The Accounting Review, 2010, 85 (4): 1131 – 1162.

［101］ Barberis N, Shleifer A, Vishny R. A model of investor sentiment ［J］. Journal of Financial Economics, 1998, 49 (3): 307 – 343.

［102］ Baron R M, Kenny D A. The moderator-mediator variable distinction in social psychological research: Conceptual, strategic, and statistical considerations ［J］. Journal of Personality and Social Psychology, 1986, 51 (6): 1173 – 1182.

［103］ Beck T, Levine R. Industry growth and capital allocation: Does having a market-or bank-based system matter? ［J］. Journal of Financial Economics, 2002, 64 (2): 147 – 180.

［104］ Berkes E G, Panizza U, Arcand J L. Too much finance? ［J］. IMF Working Papers, 2012.

［105］ Bernanke B, Gertler M, Gilchrist S. The financial accelerator and the flight to quality ［J］. Review of Economics & Statistics, 1996, 78 (1): 1 – 15.

［106］ Bertrand M, Mullainathan S. Enjoying the quiet life? Corporate governance and managerial preferences ［J］. Journal of Political Economy, 2003, 111 (5): 1043 – 1075.

［107］ Bertrand M, Schoar A. Managing with style: The effect of managers on firm policies ［J］. Quarterly Journal of Economics, 2003, 118 (4): 1169 – 1208.

［108］ Billett M T, King T D. Mauer D C. Growth opportunities and the choice of leverage, debt maturity, and covenants ［J］. The Journal of Finance, 2007, 62 (2): 697 – 730.

［109］ Black F. Noise ［J］. The Journal of Finance, 1986, 41 (3):

529 – 543.

[110] Blanchard O J, Rhee C, Summers L. The stock market, profit and investment [J]. Quarterly Journal of Economics, 1993, 108: 115 – 136.

[111] Blanco I, Wehrheim D. The bright side of financial derivatives: Options trading and firm innovation [J]. Journal of Financial Economics, 2017, 125 (1): 99 – 119.

[112] Bolton P, Chen H, Wang N. A unified theory of Tobin's q, corporate investment, financing, and risk management [J]. The Journal of Finance, 2011, 66 (5): 1545 – 1578.

[113] Bolton P, Chen H, Wang N. Market timing, investment, and risk management [J]. Journal of Financial Economics, 2013, 109 (1): 40 – 62.

[114] Bottazzi G, Dosi G, Lippi M, Pammolli F, Riccaboni M. Innovation and corporate growth in the evolution of the drug industry [J]. International Journal of Industrial Organization, 2001, 19 (7): 1161 – 1187.

[115] Bourne L E, Ekstrand B. Psychology: Its principles and meanings [M]. New York: Holt, Rinehart and Winston, 1973.

[116] Bowlby J. Attachment and loss [M]. New York: Basic Books, 1969.

[117] Brav A, Jiang W, Ma S, Tian X. How does hedge fund activism reshape corporate innovation? [J]. Journal of Financial Economics, 2018. 130 (2): 237 – 264.

[118] Brown G W, Cliff M T. Investor sentiment and the near-term stock market [J]. Journal of Empirical Finance, 2004, 11 (1): 1 – 27.

[119] Brown J R, Fazzari S M, Petersen B C. Financing innovation and growth: Cash flow, external equity, and the 1990s R&D boom [J]. The Journal of Finance, 2009, 64 (1): 151 – 185.

[120] Brown J R, Peterson B C. Cash Holdings and R&D Smoothing [J]. Journal of Corporate Finance, 2011, 17 (3): 694 – 709.

[121] Bushee B. The influence of institutional investors on myopic R&D investment behavior [J]. The Accounting Review, 1998, 73 (3): 305 – 333.

[122] Campbell J Y, Grossman S J, Wang J. Trading volume and serial correlation in stock returns [J]. The Quarterly Journal of Economics, 1993,

108 (4): 905 – 939.

[123] Campello M, Graham J, Harvey C. The real effects of financial constraints: Evidence from a financial crisis [J]. Journal of Financial Economics, 2010, 97 (3): 470 – 487.

[124] Campos J J, Langer A, Krowitz A. Cardiac responses on the visual cliff prelocomtor human infants [J]. Science, 1970, 170 (3954): 196 – 197.

[125] CarrH A. Psychology, a study of mental activity [M]. New York: McKay, 1929.

[126] Cecchetti S, Kharroubi E. Reassessing the impact of finance on growth [J]. BIS Working Papers, 2012.

[127] Chang X, Tam L, Tan T J, Wong G. The real impact of stock market mispricing: Evidence from Australia [J]. Pacific – Basin Finance Journal, 2007, 15 (4): 388 – 408.

[128] Chen H J, Chen S J. Investment-cash flow sensitivity cannot be a good measure of financial constraints: evidence from the time series [J]. Journal of Financial Economics, 2012, 103 (2): 393 – 410.

[129] Chen S, Sun Z, Tang S, Wu D. Government intervention and investment efficiency: evidence from China [J]. Journal of Corporate Finance, 2011, 17 (2): 259 – 271.

[130] Chen X, Harford J, Li K. Monitoring: which institutions matter [J]. Journal of Financial Economics, 2007, 86 (2): 279 – 305.

[131] Chirinko B, Chirinko R, Schaller H. Business fixed investment and "Bubbles": The Japanese case [J]. American Economic Review, 2001, 91: 663 – 680.

[132] Chirinko R S, Schaller H. Fundamentals, mispricing and investment: The real story [R]. Working Paper, 2006.

[133] Choi Y R, Zahra S A, Yoshikawa T, Han BH. Family ownership and R&D investment: The role of growth opportunities and business group membership [J]. Journal of Business Research, 2015, 68 (5): 1053 – 1061.

[134] Chung K, Charoenwong C. Investment options, assets in place, and the risk of stocks [J]. Financial Management, 1991, 20 (3): 21 – 33.

[135] Clarke R G, Statman M. Bullish or bearish? [J]. Journal of Finan-

cial Analysts. 1998, 54 (3): 63 -72.

[136] Coles J L, Daniel N D, Naveen L. Managerial incentives and risk-taking [J]. Journal of Financial Economics, 2006, 79 (2): 431 -468.

[137] Collins D W, Kothari S P. An analysis of intertemporal and cross-sectional determinants of earnings response coefficients [J]. Journal of Accounting and Economics, 1989, 11 (2 -3): 143 -181.

[138] Cooper R, Ejarque J. Exhuming Q: Market power vs. capital market imperfections [R]. NBER Working Paper, 2001.

[139] Cooper R, Ejarque J. Financial frictions and investment: Requiem in q [J]. Review of Economic Dynamics, 2003, 6 (4): 710 -728.

[140] Corrado C, Hulten C. How do you measure a technological revolution? [J]. American Economic Review, 2010, 100 (2): 99 -104.

[141] Cummins J G, Hassett K A, Hubbard R G. A reconsideration of investment behavior using tax reforms as natural experiments [J]. Brookings Papers on Economic Activity, 1994, 25 (2): 1 -74.

[142] Daniel K, Grimblatt M, Titman S, Wermers R. Measuring mutual fund performance with characteristic-based benchmarks [J]. The Journal of Finance, 1997, 52 (3): 1035 -1058.

[143] De Long J B, Shleifer A, Summers L H, et al. Noise trader risk in financial markets [J]. Journal of Political Economy. 1990, 98 (4): 703 -738.

[144] Ding S, Kim M, Zhang X. Do firms care about investment opportunities? Evidence from China [J]. Journal of Corporate Finance, 2018, 52: 214 -237.

[145] Ding S, Knight J, Zhang X. Does China overinvest? Evidence from a panel of Chinese firms [J]. The European Journal of Finance, 2019, 25 (6): 489 -507.

[146] Dong M, Hirshleifer D A, Teoh S H. Stock market misvaluation and corporate investment [J]. SSRN Electronic Journal, 2007, 25 (12): 3645 -3683.

[147] Edmans A, Gabaix X, Landier A. A multiplicative model of optimal CEO incentives in market equilibrium [J]. Review of Financial Studies, 2009, 22 (12): 4880 -4919.

［148］ Enos J L. Invention and innovation in the petroleum refining industry［J］. NBER Chapters, 1962, 27 (8): 299 – 322.

［149］ Faccio M. Politically connected firms［J］. The American Economic Review, 2006, 96 (1): 369 – 386.

［150］ Fang V W, Noe T H, Tice S. Stock market liquidity and firm value［J］. Journal of Financial Economics, 2009, 94 (1): 150 – 169.

［151］ Faure – Grimaud A, Gromb D. Public trading and private incentives［J］. The Review of Financial Studies, 2004, 17 (4): 985 – 1014.

［152］ Fazzari S, Hubbard G, Petersen B. Financing constraints and corporate investment［J］. Brookings Papers on Economic Activity, 1988 (1): 141 – 206.

［153］ Ferreira D, Manso G, Silva A C. Incentives to innovate and the decision to go public or private［J］. Review of Financial Studies, 2014, 27 (1): 256 – 300.

［154］ Firth M, Lin C, Wong S M L. Leverage and investment under a state owned bank lending environment: Evidence from China［J］. Journal of Corporate Finance, 2008, 14 (5): 642 – 653.

［155］ Fisher K L, Statman M. Consumer confidence and stock returns［J］. The Journal of Portfolio Management, 2003, 30 (1): 115 – 127

［156］ Frank M Z, Goyal V K. Capital structure decisions［R］. Working Paper, 2005.

［157］ Freeman C. The Economics of Industrial Innovation［M］. London: Pinter, 1982.

［158］ Gao H, Harford J, Li K. Determinants of corporate cash policy: insights from private firms［J］. Journal of Financial Economics, 2013, 109 (3): 623 – 639.

［159］ Gilchrist S, Himmelberg C P, Huberman G. Do stock price bubbles influence corporate investment［J］. Journal of Monetary Economics, 2005, 52 (4): 805 – 827.

［160］ Goldsmith R W. Financial structure and development［M］. New Haven, Yale University Press, 1969.

［161］ Gomes J F. Financing investment［J］. American Economic Review, 2001, 91 (5): 1263 – 1285.

[162] Graham J R, Harvey C R, Rajgopal S. The economic implications of corporate financial reporting [J]. Journal of Accounting and Economics, 2005, 40 (1 – 3): 3 – 73.

[163] Graham J R, Rogers D A. Do firms hedge in response to tax incentives? [J]. The Journal of Finance, 2002, 57 (2): 815 – 839.

[164] Graham J, Li S, Qiu J. Managerial attributes and executive compensation [J]. Review of Financial Studies, 2012, 25 (1): 144 – 186.

[165] Graves S. Institutional ownership and corporate R&D in the computer industry [J]. Academy of Management Journal, 1988, 31 (7): 417 – 428.

[166] Grossman, S. On the efficiency of competitive stock markets where trades have diverse information [J]. The Journal of Finance, 1976, 31 (2): 573 – 585.

[167] Hadlock C J, Pierce J R. New evidence on measuring financial constraints: Moving beyond the KZ Index [J]. Review of Financial Studies, 2010, 23 (5): 1909 – 1940.

[168] Hall B H. The financing of research and development [J]. Oxford Review of Economic Policy, 2002, 18 (1): 35 – 51.

[169] Hart O. The market mechanism as an incentive scheme [J]. Bell Journal of Economics, 1983, 14 (2): 366 – 382.

[170] Hayashi F, Inoue T. The relation between firm growth and q with multiple capital goods: theory and evidence from panel data on Japanese firms [J]. Econometrica, 1991, 59 (3): 731 – 753.

[171] Hayashi F. Tobin's Marginal q and Average q: A Neoclassical Interpretation [J]. Econometrica, 1982, 50 (1): 215 – 224.

[172] He J, Tian X. The dark side of analyst coverage: The case of innovation [J]. Journal of Financial Economics, 2013, 109 (3): 856 – 878.

[173] He W, Kyaw N A. Ownership structure and investment decisions of Chinese SOEs [J]. Research in International Business and Finance, 2018, 43: 48 – 57.

[174] Healy P, Wahlen J. A review of the earnings management literature and its implications for standard setting [J]. Accounting Horizons, 1999, 13 (4): 365 – 383.

［175］ Hellmann T, Murdock K, Stiglitz J. Financial restraint: Towards a new paradigm ［M］. Claredon Press, 1997.

［176］ Himmelberg P C, Petersen B C. R&D and internal finance: A panel study of small firms in high-tech industries ［J］. Review of Economics and Statistics, 1994, 76 (1): 38 – 51.

［177］ Holmstrom B. Agency costs and innovation ［J］. Journal of Economic Behavior & Organization, 1989, 12 (3): 305 – 327.

［178］ Holmström B. Managerial incentive problems: A dynamic perspective ［J］. The Review of Economic Studies, 1999, 66 (1): 169 – 182.

［179］ Hsu P H, Tian X, Xu Y. Financial development and innovation: Cross-country evidence ［J］. Journal of Financial Economics, 2014, 112 (1): 116 – 135.

［180］ Izard C E. Facial expressions and the regulation of emotions ［J］. Journal of Personality and Social Psychology, 1990, 58 (3): 487 – 498.

［181］ Kahn C, Winton A. Ownership structure, speculation, and shareholder intervention ［J］. The Journal of Finance, 1998, 53 (1): 99 – 129.

［182］ Kaplan S N, Zingales L. Do investment-cash flow sensitivities provide useful measures of financing constraints? ［J］. The Quarterly Journal of Economics, 1997, 112 (1): 169 – 215.

［183］ Keynes J. The general theory of employment, interest, and money ［M］. London: Macmillan Press Ltd. , 1936.

［184］ Kiyotaki N, Moore J. Credit cycles ［J］. Journal of Political Economy, 1997, 105 (2): 211 – 248.

［185］ Kleinginna P R, Kleinginna A M. A categorized list of emotion definitions, with suggestions for a consensual definition ［J］. Motivation and Emotion, 1981, 5 (4): 345 – 379.

［186］ Kumar P, Li D. Capital investment, innovative capacity, and stock returns ［J］. The Journal of Finance, 2016, 71 (5): 2059 – 2094.

［187］ Kyle A, Vila J. Noise trading and takeovers ［J］. Rand Journal of Economics, 1991, 22 (1): 54 – 71.

［188］ Lee C, Shleifer A, Thaler R H. Investor sentiment and the close-end fund puzzle ［J］. The Journal of Finance, 1991, 46 (1): 75 – 109.

［189］ Lewellen J, Lewellen K. Investment and cash flow: New evidence

[J]. Journal of Financial and Quantitative Analysis, 2016, 51 (4): 1135 – 1164.

[190] Lewellen W G, Loderer C, Martin K. Executive compensation and executive incentive problems: An empirical analysis [J]. Journal of Accounting and Economics, 1987, 9 (3): 287 – 310.

[191] Lucas R, Prescott E. Investment under uncertainty [J]. Econometrica, 1971, 39 (5): 659 – 681.

[192] Luigi G, Giuseppe P. Investment and demand uncertainty [J]. Quarterly Journal of Economics, 1999, 114 (1): 185 – 227.

[193] Manso G. Motivating innovation [J]. The Journal of Finance, 2011, 66 (5): 1823 – 1860.

[194] Maug E. Large shareholders as monitors: Is there a trade-off between liquidity and control? [J]. The Journal of Finance, 1998, 53 (1): 65 – 98.

[195] McKinnon R I. Money and capital in economic development [M]. Washington D C: Brookings Institution, 1973.

[196] McLean D, M. Zhao. The business cycle, investor sentiment, and costly external finance [J]. The Journal of Finance, 2014, 69 (3): 1377 – 1409.

[197] Mensa J F, Ljungqvist A. Do measures of financial constraints measure financial constraints? [J]. Review of Financial Studies, 1998, 29 (2): 271 – 308.

[198] Miller M H, Modigliani F. Dividend policy, growth, and the valuation of shares [J]. The Journal of Business, 1961, 34 (4): 411 – 433.

[199] Modigliani F, Miller M H. The cost of capital, corporation finance, and the theory of investment [J]. American Economic Review, 1958, 48 (3): 655 – 669.

[200] Morck R, Shleifer A, Vishny R W. The stock market and investment: Is the market a sideshow? [J]. Brookings Papers on Economic Activity, 1990, 21: 157 – 215.

[201] Morck R, Yueng B, Yu W. The information content of stock market: why do emerging markets have synchronous stock price movement? [J]. Journal of Financial Economics, 2000, 58 (1): 215 – 260.

［202］ Moyen N. Investment-cash flow sensitivities: constrained versus unconstrained firms ［J］. The Journal of Finance, 2004, 59 (5): 2061 – 2092.

［203］ Mueser R. Identifying technical innovations ［J］. IEEE Transactions on Engineering Management, 1985, EM – 32 (4): 158 – 176.

［204］ Myers S, Majluf N. Corporate financing and investment decisions when firms have information that investors do not have ［J］. Journal of Financial Economics, 1984, 13 (2): 187 – 220.

［205］ Myers W. Determinants of corporate borrowing ［J］. Journal of Financial Economics, 1977, 5 (2): 147 – 175.

［206］ Neal R, Wheatley S. Do measures of investor sentiment predict stock returns ［J］. Journal of Financial and Quantitative Analysis, 1998, 33 (4): 523 – 547.

［207］ Panageas S. The neoclassical q theory of investment in speculative markets ［R］. Working Paper, 2005.

［208］ Peters R H, Taylor L A. Intangible capital and the investment-q relation ［J］. Journal of Financial Economics, 2017, 123 (2): 251 – 272.

［209］ Plutchik R. Emotion: A Psychoevolutionary Synthesis ［M］. New York: Harper & Row Press, 1980.

［210］ Polk C, Sapienza P. The real effects of investor sentiment ［R］. Working Paper, 2004.

［211］ Polk C, Sapienza P. The stock market and corporate investment: A test of catering theory ［J］. Review of Financial Studies, 2009, 22 (1): 187 – 217.

［212］ Porter M. Capital disadvantage: America's failing capital investment system ［J］. Harvard Business Review, 1992, 70 (5): 65 – 82.

［213］ Porter M. Capital choices: Changing the way America invests in industry ［M］. Boston, Council on Competitiveness/Harvard Business School, 1992.

［214］ Rajan R G, Zingales L. Financial dependence and growth ［J］. American Economic Review, 1998, 88: 559 – 586.

［215］ Rajan R G, Zingales L. What do we know about capital structure? Some evidence from international data ［J］. The Journal of Finance, 1995, 50 (5): 1421 – 1460.

[216] Rajan R G. Insiders and outsiders: the choice between informed and arm's-length debt [J]. The Journal of Finance, 1992. 47 (4): 1367 – 1400.

[217] Rajan R G. Presidential address: the corporation in finance [J]. The Journal of Finance, 2012, 67 (4): 1173 – 1217.

[218] Rostow W W. Politics and the stages of growth [M]. Cambridge: Cambridge University Press, 1971.

[219] Roychowdhury S. Earnings management through real activities manipulation [J]. Journal of Accounting and Economics, 2006, 42 (3): 335 – 370.

[220] Schumpeter J A. The theory of economic development [M]. Cambridge: Harvard University Press, 1911.

[221] Shaw E S. Financial deepening in economics development [M]. Oxford: Oxford University Press, 1973.

[222] Shen J, Firth M, Poon W P H. Credit expansion, corporate finance and overinvestment: recent evidence from China [J]. Pacific Basin Finance Journal, 2016, 39: 16 – 27.

[223] Shleifer, A. Inefficient markets: An introduction to behavioral finance [J]. Journal of Institutional and Theoretical Economics, 2002, 158 (2): 369 – 374.

[224] Simonov P. The information theory of emotion [M]. New York: Academic Press, 1970.

[225] Stein J C. Efficient capital markets, inefficient firms: a model of myopic corporate behavior [J]. Quarterly Journal of Economics, 1989, 104 (4): 655 – 669.

[226] Stein J C. Rational capital budgeting in an irrational world [J]. Journal of Business, 1996, 69 (4): 429 – 455.

[227] Sunder J, Sunder SV, Zhang J. Pilot CEOs and corporate innovation [J]. Journal of Financial Economics, 2017, 123 (1): 209 – 224.

[228] Tobin J. A general equilibrium approach to monetary theory [J]. Journal of Money, Credit and Banking, 1969, 1 (1): 15 – 29.

[229] Vogt S. C. The cash flow/investment relationship: Evidence from US manufacturing firms [J]. Financial Management, 1994, 23 (2): 3 – 20.

[230] Yoo T, Sung T. How outside directors facilitate corporate R&D investment? Evidence from large Korean firms [J]. Journal of Business Research, 2015, 68 (6): 1251 - 1260.

[231] Young P. Emotion in man and animal: Its nature and relation to attitude and motive [J]. Journal of the American Medical Association. 1943, 123 (4): 247 - 248.

[232] Zhang X, Xue H, Zhang Y, Ding S. Growth opportunities or cash flow drives innovative investment - Evidence with different ownership structure from China [J]. Emerging Markets Finance & Trade, 2020 (56): 2491 - 2508.

[233] Zweig M E. An investor expectations stock price predictive model using closed-end fund premiums [J]. The Journal of Finance, 1973, 28 (1): 67 - 78.